El Gé

De Chill

Editorial Dos Bigotes

El Gé

Una obra de teatro de

EMMA DEMAR

De Chill

Una guía para la prevención de riesgos y daños del chemsex

IVÁN ZARO

dosbigotes

Primera edición: mayo de 2025

El Gé incluye dos fragmentos del poema «El Paraíso» de Adrián Peñalver, perteneciente a la obra *Mejillón-Cebra Tiburón-Sirena* (Flores Raras, 2018)

Publicado por Editorial Dos Bigotes, s.l.
www.dosbigotes.es

isbn: 978-84-129650-2-5
Depósito legal: M-10498-2025
Impreso por Kadmos
www.kadmos.es

Diseño de colección: Raúl Lázaro
www.escueladecebras.com

El papel utilizado para la impresión de *El Gé* y *De Chill. Una guía para la reducción de riesgos y daños del chemsex* es cien por cien libre de cloro y está calificado como papel reciclable.

Impreso en España — Printed in Spain

Índice

Introducción de Emma Demar e Iván Zaro

EMMA e IVÁN.— ¡Hola! Bienvenide al chill. Somos Emma (de Emmanuel) e Iván, y este libro es nuestra casa.
IVÁN.— Si te apetece, puedes quitarte las zapatillas y la camiseta y ponerte cómodo. Aquí está permitido sentirte como quieras; ir y venir. Lo más importante es que puedas ser.
EMMA.— En este piso hay dos grandes salones: una obra de teatro y una guía sobre el chemsex. Tabaco, porfa, solo en la cocina. Y hablen bajito, que no queremos problemas con los vecinos ;-)
IVÁN.— ¿Que cómo nos conocimos? La historia comienza antes de la pandemia. Emma tuvo sus primeras experiencias con el mundo del chemsex, del chorri, de la mefe, de los hombres y del amor. Ahí vio una escena y un escenario, una historia que quería (o debía) contar. Una historia de hombres que tienen sexo con hombres. De hombres que quieren ser.

Conocer.
Abrazar.
Bailar.
Follar.
Llorar.
Hablar (sobre todo, hablar).
Expresar quiénes son. Quiénes somos.

EMMA.— Y llegó el año 2020 y, con él, las mascarillas, los miedos y las casas. Sobre todo, las casas. Y si hasta entonces no habías conocido un chill siendo maricón en Madrid, las probabilidades de quedarte de doce a seis encerrado en uno crecieron exponencialmente. Tanto, que la obra de *El Gé* empezó a emerger como la espuma de la leche al fuego. Un fuego que habías olvidado apagar. Y esa espuma se volvió palabra escrita. Y esas palabras, un día, me las encontré. Ya ni me acuerdo bien de cuándo ni por qué.
IVÁN.— Entonces, Emma conoció a Avelino y se las enseñó. Y en cuanto pudieron, las levantaron del papel y, junto con un equipo maravilloso, estrenaron la obra en mayo de 2021 en una pequeña sala de Lavapiés, La Escalera de Jacob.
EMMA.— Y casi sin querer, y sin haberlo planeado, la obra empezó a crecer y crecer. Más de lo que jamás hubiéramos imaginado.
IVÁN.— Porque siempre, cariño, hay que imaginar más ;-)
EMMA.—¡Justamente! A una de esas funciones invitamos a la gente de Imagina MÁS, una ONG que lleva años trabajando en Madrid con VIH y chemsex, y que Iván, mi compi de piso, cofundó en 2011. ¡Y qué susto teníamos! ¿Qué pensarían? Y resulta que fue un *crush*, y que, sin saberlo, éramos como hermanas. Que pensábamos y sentíamos parecido. O igual.
IVÁN.— Ahí comenzamos a trabajar juntas, organizando coloquios después de las funciones. Porque nos dimos cuenta de que lo que al principio no sabíamos, no entendíamos o incluso nos hacía gracia, en realidad hablaba de algo mucho más delicado y profundo: de nosotros mismos, de nuestras heridas y anhelos y, al mismo tiempo, de cómo, sin

querer, tal vez nos estábamos haciendo daño. Teníamos que hablar de ello. Juntas. En comunidad.

EMMA.— Hoy, cuatro años después, la obra ya se ha representado en muchas ciudades de España y la han visto miles de personas. Y como esto del coloquio nos gustó y hacía bien, lo replicamos con otras organizaciones como Stop en Barcelona, Adhara en Sevilla, Somos en Zaragoza y muchas más de toda la península.

IVÁN.— ¡Que te estás liando! Total, que en esta casa hay dos grandes salones: al entrar, encontrarás la obra de *El Gé,* y ahí está Paco, esperando para que vivas con él una noche en un bajo de Lavapiés. Para que te mires en el espejo y viajemos juntos a través de nosotros mismos.

EMMA.— En el otro salón te espera Iván con una guía preciosa sobre el chemsex, a partir de la cual podrás reflexionar, desgranar y analizar la obra desde una perspectiva amorosa y social. Para entender esta realidad, para entendernos y, sobre todo, para aprender a cuidarnos, a aceptarnos y a tratarnos con mucho amor. Porque eso es lo que nos merecemos, maricones: mucho amor.

IVÁN.— Así que, como os hemos dicho, poneos cómodos, dejad los prejuicios a un lado, quitaos la camiseta de la vergüenza y quedaos desnudos con nosotros. Aquí podemos ser.

EMMA.— Y somos un montón.

El Gé

EMMA DEMAR

Dedicado a mi «yo» de trece años. Mira: somos un montón :-)

Y a todxs nosotrxs, lxs Maricones.

I. El Gé

Un hombre de mediana edad nos abre las puertas de su casa. Tiene un short deportivo y el torso desnudo. En el salón hay humo en el ambiente, un colchón en el suelo y una mesita con tabaco, bolsitas con sustancias, botes, una pipa y algunos vasos desgastados.

Su nombre es Paco.

Lleva sin dormir desde hace treinta horas.

¡Alexa! Apaga la música.

Nos recibe en el pasillo.

Bueno, bienvenidos todos a mi casa. La idea es pasar un buen rato, pero voy a poner algunas normas del chill. Las zapatillas os las podéis quitar y si alguno necesita algún *short*, me avisa. Los móviles los podéis usar cuando queráis, sacar fotos y demás, lo que sí vamos a hacer es dejarlos en silencio y hablar bajito, que no queremos movidas con los vecinos, que no son horas… Y, por último, tabaco solo se fuma en la cocina. En el salón te diría que abriría las ventanas, pero no hay. Bueno, sí hay, pero como estamos en un bajo es como si no hubiera. Vamos, ¡que por ahí no me puedo tirar! *(Se ríe.)* ¿Todo claro? Pues entonces, ahora sí, adelante.

Alexa, pon el salón modo «Chill».

Nos lleva al salón.

¿Está muy desordenado? Es que se acaban de ir... unos diez. O doce. No me acuerdo. Bah, en realidad depende del momento en que los contemos. Al principio éramos tres. Luego ocho. Se fue uno, vinieron dos. Creo que llegamos a los dieciséis. ¿O veintiséis? Pero si hacemos un promedio, fuimos unos diez.

Aunque si hacemos un promedio, habrá que hacerlo bien: dividir el número de tíos que hemos estado aquí entre la cantidad de horas. ¿Ahora qué hora es? ¿Las tres? ¿De la tarde...? *(Mira el móvil.)* Ah, no... ¡AM! Bueno... dieciséis o veintiséis dividido... *(Cuenta.)* Treinta horas... Qué más da. Lo pasamos bien.

Buen rollo... creo. Bueno, buen rollo, depende de quién... A un par los tuvimos que invitar... invitar a irse, porque eran un cuadro... ¿Qué le vamos a hacer? No es un momento bonito, vamos, pero hay que estar entrenado para poder hacerlo. Por el bien de todos... de ellos y de nosotros. Fui y les dije: «Disculpa, pero no hay química». Y se lo tomaron bien. Yo qué sé. Será que estamos acostumbrados... al rechazo.

Pero luego llegaron unos guiris que estaban tremendos. Estaban pasadísimos, pero si estás bueno, qué importa, ¿no? Tú no, tú no, tú no, tú no, tú SÍ. Y pasa. Tienes el carnet. Para entrar y pertenecer a la masa. A la masa de cuerpo y piel.

Empezamos a las diez. ¿Ahora qué hora es? No lo sé, porque bajé las persianas y no sé si es de día o de noche... ¿Está muy desordenado? Es que yo me iba a ir a dormir... pero seguí porque no me podía dormir.

No sé si por la Tina, la Mefe, el Gé... *o el Ser.*

Pausa.

Daniele me dejó.

¿Quieres Gé? ¿Queréis Gé? Yo sí quiero Gé.

Se sirve zumo de naranja en un pequeño vaso.

¿Tú nunca has tomado Gé? No me lo creo... *(Mientras se sirve.)* ¿Sabías que el Gé se usa para limpiar los neumáticos de los coches? O al menos así lo compro en internet. Es como la Coca-Cola: está rica y además puede quitar el óxido. U oxida. No sé.

Una varilla.

Mejor dos.

Traga. El sabor es desagradable.

Éramos doce. O dieciséis... ¿Qué hora es?

Empezamos a las diez. No sé bien por qué.

El tema es que se fue.

Retoma.

«El Gé».

El Gé se usa, en teoría, para limpiar neumáticos. Y el pudor. Uf, ya me estoy poniendo cachondo.

Coge el móvil, suena el sonido del Grindr. Chatea.

Aquí, de chill.

¿Cuántos somos? *(Mira alrededor.)* Tres. O seis. O treinta y seis. *(Vuelve al móvil.)* Porno. Morbo. Vicio. Colocón. Buen rollo. ¿Rol? ¿Más fotos?

Deja el móvil.

¿En qué estábamos? ¿Qué estaba diciendo yo…? Es que me está pegando el chorro… ¡Ah! Eso… de «El Gé». El Gé se usa para… el Gé es un… no sé. A ver… *(Al móvil.)* Oye, Siri. Háblame sobre «El Gé».

Siri.— LG es una empresa que fabrica productos electrónicos con base en Corea del Sur…

No, no. Háblame sobre el GHB.

Mientras escucha a Siri, se pone a pintar una raya de mefedrona.

Siri.— El ácido gamma-hidroxibutírico o GHB es una sustancia que se produce de forma natural en pequeñas cantidades en las células del sistema nervioso central de mamíferos, incluidos los humanos.

Es decir, esto ya existe en nuestro cerebro. Continúa.

Siri.— La principal forma de administración del GHB es por vía oral. La vida en el organismo es corta, alrededor de una hora, por lo que sus efectos son breves.

Y muy guays.

Siri.— El GHB y sus metabolitos, el GBL, producen una mezcla de efectos sedantes y excitantes; una sensación de embriaguez, euforia, reducción de la ansiedad; incrementa el calor emocional y la líbido, afectando a las sensaciones táctiles, y desinhibe socialmente al consumidor.

Toma ya.

Siri.— El consumo conjunto o después de tomar alcohol aumenta el riesgo de efectos adversos y sobredosis. El principal riesgo de sobredosis es la pérdida súbita de conciencia.

Bueno, lo que todos conocemos como DOBLAR. Sigue.

Siri.— El GHB también se usa como droga psicotrópica sedante. Como produce fácilmente la pérdida de la conciencia, se ha usado también como droga de violación.

Yo aviso, el que dobla, es del grupo.

Siri.— Sin embargo, si se mezcla su consumo con otras sustancias depresoras como la Ketamina o pastillas para dormir, sí se han registrado muertes por sobredosis.

Chorri y Keta... ¡colchoneta!

Siri.— De este modo, la administración de GHB junto con otras sustancias depresoras del sistema nervioso central está contraindicada porque se corre peligro de muerte.

¡Siri, calla! En fin... te pone cachondo... qué más dá.
¡Alexa! Pon la alarma en una hora.

ALEXA.— Muy bien. ¿Cuál es el motivo de la alarma?

El Gé. No queremos morir.

ALEXA.— Muy bien.
He puesto una alarma elgenoqueremosmorir.

Recuerda.

Había uno que tenía un polla... era así (*Hace el gesto con las manos.*) Se la comí entera. Qué rica polla. Y otro tenía un culo... así todo redondito... qué buen culo... para meter la polla... polla en el culo. Qué pedazo de chill.

Porque como vosotros sabéis, hay tres tipos de chill: de guapas, de circas y de guarras. O la combinación de cualquiera de los tres. Está el chill de guapas circas, está el chill de circas guarras, está el chill de guarras guapas. Está el chill de guarras guarras. Nosotros ayer empezamos guapas... seguimos circas... y terminamos GUARRAS.

Éramos tres. Yo, Íñigo y José. Y lo estábamos pasando bien... Pero donde caben tres, caben seis... o dieciséis... Así que nos pusimos a buscar... por el Grindr... para que llegue ÉL. El que está más bueno. El de la polla grande. El que te salve. Porque lo mejor siempre está por llegar. Aquí no está. (*Silencio.*) Que me estoy liando. Éramos tres. Yo, Íñigo y José.

Flashback. La casa se reacomoda y vemos a Paco treinta horas atrás, cuando todo comenzó. Toma el primer «chorri» de la noche y se pone a mirar el móvil.

A ver este… está bueno, ¿no? *(Escribe.)* Somos tres, ¿te va? Morbo. Vicio. Colocón. Chemsex. ¿Condón? ¿Qué? BB.

PrEP. Ven… *(Deja el móvil.)* No sé por qué termino todo con «E». Debe ser el Gé. Uf. Ya me está subiendo… Porque la realidad es que de limpiar neumáticos, no sé, pero el Gé me pone cachondo. El Gé te baja el listón. Te baja la vara de medir. Te baja la varilla… ¡Ja! Varilla como la varilla… la varilla te baja la varilla. *(Ríe.)* Te baja la vara de la exigencia… de quién te gusta… Te abre los agujeros del colador… Te baja del pedestal… Quien no te gustaba tanto quizá te empiece a gustar… Te apaga un poco el sistema operativo… y te enciende el motor. Vamos, que no existen tíos feos… sino varillas de menos.

Mira al espejo y se asoma a nosotros.

Es que te pone de cero a cien en un momento… Llegas, varillazo y pum. A comer.

Como ayer, que después de unas horas ya éramos ocho y estábamos en acción: José le estaba comiendo la polla a tres. Desconocidos. A la vez. Yo me estaba follando a otro mientras miraba el Grindr. Y de repente… entra Íñigo con los dos guiris que estaban tremendos.

Volvemos a su historia. Alguien le está follando y Paco mira el Grindr. Llegan los guiris.

Hola… ¡Ah, *hello…*! *(Se quita la polla del culo.)* ¡Hostia! *Come in. (Le hace la broma a José.)* «Ningún *hello* ni ningún *good morning*, aquí hablamos español». No, hombre, *welcome. (A nosotros.)* Carne fresca… *(Continúa el relato.)* Claro, al vernos así a tope, empezaron a decir frases como «hey men, don't worry, continue», y yo le digo algo así como «de haber sabido que veníais me ponía al menos algo». «No problem, we love this, who's place is this?». «Yo», les respondo. «Is my house». «Thank you for inviting us». «Nada, nada, poneos cómodos… ¿Queréis un poco de Gé? You want some G?». «Yeah, all right». «¿Una varilla?» *(Para él mismo.)* Una y media… pa'lante.

Volvemos a estar con él aquí y ahora.

Y se quitaron la ropa y nos pusimos a follar. Estuvo bien. Un vicio… un colocón… follando entre las luces de los móviles que alumbraban las caras de los que estaban ahí.

Paco se abstrae y se acerca a una mesa. Pretendiendo no ser visto, comienza a mezclar distintas drogas en un vaso. Una raya, un poco de esto, un poco de aquello... hasta que echa un bote de Gé entero en el vaso y luego unos ansiolíticos. Cuando está a punto de tomarlo, alguien lo descubre.

¿Qué? ¿Qué dices? Nada hombre, se me ha roto el bote… ¡Ups…! Pero tengo más.

Así que… ¿qué quieres? ¿Quieres Tina, Mefe o Gé?

II. La Tinamefe

¿Qué quieres?

La Tina te da como un superpoder.

Tu corazón late fuerte y tu mente se pone a correr.

Y de dormir... ni hablar *(Ríe.)*

En cambio, la Mefe es una sensación de bienestar. Una explosión de serotonina en la mente, por lo que todo lo que te propongan te vendrá bien. Estés donde estés, te pones una raya y todo te parecerá bien.

Se mete una raya.

¿Llamamos a doce? Adelante.

¿Seguimos hasta las doce? Gran idea.

¿Nos tiramos del hueco del ascensor? Qué más quisiera.

Es como estar dentro de un cubo de cristal donde todo está *okey* y sientes que podrías estar ahí para siempre... como en la sauna...

¿Has ido a la sauna alguna vez?

¿Qué es? No sé. Un balneario. O un paraíso, también.

Es una especie de lugar sin tiempo. Como un túnel.

Hombres en toalla. Buscando y buscando. ¿El qué? *Sex*. ¿El qué? Ser. Ser. *Sex*.

«No sabría si es fácil o difícil,
escapar del laberinto del vapor.
El Paraíso te ofrece la verdadera
posibilidad de estar perdido».

Caminar y caminar. Vueltas y vueltas. Tocar y que te toquen.

Meterme en una cueva sin ver. Cuerpos danzantes. Sombras en la mente.

Que te la metan o meter.

Es como un limbo.

Hombres. Calor. Denso. Lejía.

Está bien, ¿eh?

Necesitamos estar en ese ambiente.

Rodeados de otros hombres. Carne mojada y calor suficiente.

Duchas. Vapor. Lavativas. Bellas durmientes.

Una experiencia... estupefaciente. Lo vivirás.

«Caminarás desecho a casa, corcho seco
mascullando fantasmas de humo
—siendo guijarro incandescente—
en el Madrid crepitante que amanece,
tatuado con el olor del cloro y
del jabón en crema.
Lo vivirás
y repetirás».

¿Qué? *(Vuelve.)* Uf, ¿qué ha pasado? Es que... esto es fuerte... me metí en un via-je.

¿En que estábamos? ¡Ah! Ayer éramos tres. Yo, Íñigo y José. Y la Tina y la Mefe empezaron a correr, entonces la dopamina y la serotonina también. Entonces todo me vino bien. ¿Era yo? No sé.

Y te pone cachondo también... pero del pene, olvídate. Se te mete para adentre. Peeeeeero para eso no hay probleme... para eso existe el Azulé de Pfizer. Y pa'lante. ¡Todo con E!

Mefe. Pene. Gé. QUIÉREME.

Porno, música y a ver quién viene.

¿Vendrá Daniele?

Coge un billete y se pone a armar un «turulo». Se va al baño y nos lo cuenta, en intimidad.

Daniele me dejó. Yo no sé por qué, de repente, se fue.

Yo estaba tan bien. Me hacía sentir algo aquí. *(Se lleva la mano al pecho.)* Como si... como si...

Follábamos bien, pero lo que más me gustaba era estar con él. Hablar con él... dormir con él... Dormir con él era como... estar en paz. No sé... Volver...

Cada encuentro en la cama era una arquitectura espontánea de cuerpos imposible de repetir otra vez. Una combinación perfecta e inconsciente donde cada parte de mí se apoyaba en la parte justa de él. Encajando. Perfectamente.

Y así podíamos estar horas y horas. Y la energía fluía, circular.

Infinitamente.
¿Lo entiendes? ¿Lo has vivido alguna vez? ¿Eso qué es?

Mefe. Otra raya de Mefe.
¿O qué hora es?
Digo, para tomar el Gé.

Un amigo me contó. Que en un chill de Lavapiés uno dobló y se quedó inconsciente. Tomó de más y se pasó. Pero se pasó, pasó. De pueblo. Al otro lado. Se murió. Y se lo seguían follando. Qué bien. Para gustos, los colores. Y para morbos, los olores. Si es un mito o es verdad, no sé.

Se da cuenta.

¡JOSÉ!
¡HOSTIA, JOSÉ!

Se va del salón al cuarto. Desde dentro:

Me cago en la puta. ¡José! ¡José!

Vuelve.

Está todo bien... Respira. Vive.
Joder, tío, me había olvidado de José. Está en el cuarto, doblade.

¿Nos lo follamos? Inconsciente... entregado... pura carne...
Yo avisé... El que dobla... es del grupo.
Naaa. Qué dices.

Está bueno. ¿eh?

Moreno... grande... una cara... un cuerpo... un morbo...

Es un colega. No sé si amigo, pero colega. De chill. Lo conocí una vez en las fiestas de la Paloma. Nos tomamos una pasti y lo pasamos bien. *(Se comienza a reír sin sentido aparente.)* La pasti... ¿qué es?

EME.

EMEDÉ

MEFE, EME, PREP, GÉ. ¡TODO CON E!

¿Alguien quiere pasti? Yo creo que tengo una pasti por aquí... *(La busca entre la ropa.)*

El EME es la droga del amor. De la felicidad. Te la tomas y amas a todo el mundo. Todos son tus amigos. A todos quieres abrazar. Todo el mundo te cae bien. Bueno, todos no... Yo qué sé. Si hay uno muy mariquita... Yo no tengo nada con los mariquitas. Yo soy marica. Pero a mí me gustan masculinos. A ver, si tienes pluma, todo bien... pero bien lejos. Porque no me gustan las mujeres.

¡Rodríguez es maricón ¡Rodríguez es maricón! Ya me lo gritaron en el colegio una vez.

Si me vieran ahora esos... Maricón, sí. Pero hombre. Hombre con hombres. Pelo. Barba. Masculinos. Músculos. Testosterona. Sustanon. Clembuterol. Estanozolol... Todo lo que me meto para irme a Ibiza... *(Se toma la pastilla.)*

Coge una sudadera y se aleja a una ventana. Fuma.

III. Daniele

Quizá a alguien, o quizá para sí mismo, habla.

En Ibiza conocí a Daniele.

Lo quería tal como es. Y él a mí. Quizá no tenía el abdomen más marcado... ni los brazos más grandes. Pero tenía un nosequé. Él era distinto. Especial. Diferente. Como si lo conociera de antes. De otra vida.

¿Eso qué es?

Fueron los tres mejores días de mi vida... de mi vida.

Era verano en la isla... y había fiesta al aire libre... el atardecer... la piscina... el mar... el musicón... los amigos... el colocón. Y ahí estaba él. Bailando. De pie. Con su pecho robusto. Su tez morena. Sus dientes perfectos. Su pañuelo en la cabeza. Sonreía y sonreía como si no le importase lo que pasara al lado. Él era feliz.

No me miraba, pero yo sí lo miraba a él. Era perfecto. Lo que siempre soñé.

Pero él bailaba... como si no le importase lo que pasara al lado. Era feliz.

Y de repente, ¡zas! Me miró a mí también.

Y no sé si fue el EME. O el Gé... Pero sentí el mundo detenerse.

No sabía quién era. Si era real. Si era un ángel. Pero me miraba a mí. A mí.

Apreté el abdomen y caminé hacia él.

Yo estaba como nunca. Grande. Ciclo. Músculo y piel.

Y me miraba. Me miraba a mí. *(Señalando sus ojos.)* Me miraba aquí.

Y me acerqué apretando todos los músculos porque tenía que mostrarle lo mejor de mí. Pero él no me miraba el pecho. Ni los hombros fuertes. Me miraba aquí. *(Vuelve a señalar sus ojos.)* Me miraba A MÍ.

¿Eso qué es?

Llegué hasta él y lo besé... No se por qué... Ni lo pensé.

Me sentí suficiente. Yo. Ser.

Y lo que sentí fue real. Como un torbellino que entraba por mis pies y giraba por mí y por él. Ascendente. Que nos fundíamos. Que éramos uno. Y que esa energía subía y subía hasta salir del medio de los dos y dispararse al cielo como un fuego artificial... El beso. La barba. Aprieto fuerte. Estallo.

El pene caliente.

La llama ardiente.

La vida.
El origen…

Sentí la felicidad más plena.

¿Eso qué es? ¿Qué droga es?

Suena una alarma.

Alexa, para.

La alarma sigue sonando.

ALEXA.— Disculpa, no he entendido bien.

¡ALEXA, CALLA!

ALEXA.— Entendido. Es la hora de elgenoqueremosmorir.

Cierto. La alarma. Es la hora del Gé.

Vuelve al salón, se acerca a la mesilla y coge un bote.

Una varilla. Mejor dos… *(Se lo echa y se lo toma.)*
Alexa, ¿qué es el amor?

ALEXA.— Según tengo entendido, «amor» se refiere a un sentimiento de afecto, inclinación y entrega a alguien o a algo.

Alexa, ¿me quieres?

ALEXA.— Te respeto.

Alexa, no das ni una. Te voy a cambiar por ChatGPT.

ALEXA.— Y qué hago, ¿me mato?

Alexa, ¿qué es la muerte?

ALEXA.— Proceso que da como resultado el fin de la vida.

¿Y qué es la vida?

ALEXA.— Nada que Nietzsche no te pueda enseñar.

Nieztzche... Háblame de Nieszhe...

ALEXA.— Entendido. Buscaré en internet.

IV. Nietzsche

ALEXA.— Friedrich Wilhelm Nietzsche fue un filósofo alemán considerado uno de los más importantes del siglo XIX. Nietzsche escribió sobre infinidad de temas, pero principalmente hizo una crítica de la cultura y la religión. Su filosofía se halla atravesada por conceptos de la mitología griega. Esto es, la identificación del carácter humano del hombre en relación con el vínculo que guarda con sus dioses. Hablamos de la dualidad de lo apolíneo contra lo dionisíaco.

Alexa, para. Háblame de eso. Háblame de lo apolíneo y lo dionisíaco.

ALEXA.— Lo «apolíneo» y lo «dionisíaco» son dos conceptos filosóficos relacionados y dicotómicos que se basan en dos figuras de la mitología griega: Apolo y Dioniso. Apolo representa la armonía, el progreso y la lógica, mientras que Dioniso representa el desorden, la embriaguez, la emoción y el éxtasis. Nietzsche, aunque no descarta por completo la regencia de lo apolíneo en la vida, se inclina por resaltar y adoptar una postura en esta línea de lo dionisíaco. En ello consiste precisamente su crítica a la sociedad contemporánea y este será el hilo conductor que permea de forma constante su obra y su vida.

Entonces, Apolo es el orden y el progreso. Y Dioniso, la embriaguez, la emoción y el éxtasis…

Se pone una raya de coca.

Yo no sé a ti, pero a mí me suena que esta Nietzsche era bastante chillera…

Y la verdad, estoy de acuerdo con ella, qué quieres que te diga.

Porque yo no sé quién es Apolo, pero estoy harto de él. Bastante lo atiendo de lunes a viernes de diez a siete. Y luego al *gym*, claro. Porque además tengo que estar mona. Porque no vaya a ser cosa que baje de peso. Que pierda masa muscular. Que no esté lista para quitarme la camiseta en paz.

Para ser visto.

Para que me vean.

Para que me quieran.

¡Dioniso! Estoy contigo, maricón. Pues sí, no todo es orden y progreso en la vida, también hay que disfrutar, ¿no? ¿Qué más quieren que haga? Lo hago todo bien. Los de la empresa, salvo un que otro lunes de resaca, no se pueden quejar. No hago más que producir. Que resaltar. Porque no solo lo doy todo para que otro se forre, sino que además le pongo alegría. ¡Porque, claro, soy la marica de la oficina! No sea cosa que no sea divertida y no aporte música y color.

Todo. Lo doy todo.

Que si salgo del armario, que si no. Que si tengo pluma, que si no. Que si digo que soy gay, que si no. «Pero si tú ya no vives en el pueblo. En Madrid no hace falta salir del armario». ¿Por qué crees que me mudé a la ciudad? Para poder sentir UNA VEZ que soy parte de algo y que no estoy fuera. «¿Tú eres gay? No se te nota». ¿No se me nota? Pues a ti no se te nota el cerebro, gilipollas. ¿Por qué es tan importante? ¿Por qué es tan importante en qué agujero me meten o meto la polla? ¿Tan importante es?

¡DIONISO! ¡Estoy contigo, maricón! Porque cuando llega el fin de semana me quiero ir a tu paraíso. Porque APOLO, tu mundo del progreso y del poder ya se me queda chico. Y me aburre. Es que ya no te creo. Es que me muero. Es que me estoy muriendo. Todos aquí nos estamos muriendo. Porque sí; la muerte nos coge muy de sorpresa, pero no es ninguna novedad... Todos nos vamos a morir. Pues entonces, sí. Me quiero divertir.

¿Está mal? ¿Tan mal le hago a tu *status quo*? ¿Tan ilegal soy?

Mira, hace dos años, volvía de una fiesta un domingo por la mañana. Me lo había pasado genial. Me había divertido mogollón. Había conocido a gente guay. Me había liado con unos tíos que estaban tremendos. Una de esas noches que te lo pasas BIEN. Que no son todas, ¿eh? Que no son todas.

Estaba volviendo a mi casa. Triunfante, vencedor... y, de repente, escucho desde una esquina: «Oye, tú». Me doy la vuelta y era un poli. UN PUTO POLI. Y yo no estaba haciendo nada malo, ¿eh? Solo caminar. Colocado. Feliz.

Disfrutando del sol. «¿Qué llevas encima?», me preguntó. «NADA...». Como pude se lo dije... Pero evidentemente mi alegría y bienestar debe de haber molestado mucho a su APOLÍNEO mundo ya que me hizo mostrarle todo lo que llevaba encima. Al punto que me hizo desnudar. DESNUDAR...

¿ESTO QUÉ ES? ¿Pero no tiene nada mejor que hacer? ¿Tanto le molesta que me lo pase bien? ¿Tanto quieres que encaje en tu mundo? ¿Por qué no encajas tú en el mío...? Te aseguro que nos lo vamos a pasar muy bien. ¿Sabes lo que sucederá cuando el Gé sea consumido por ti, heteropatriarcado? LA PAZ MUNDIAL. LA PUTA PAZ MUNDIAL.

Así que no me vengas con que mi vida está mal.

Ni que lo que hago es ilegal. Ilegal debería ser la abulia, la apatía y la falta de espontaneidad.

¿Sabes cómo tengo que lidiar con mis demonios para no sentirme mal o culpable cuando vuelvo a casa después de estar de fiesta? ¿Cómo tengo que acallar esas voces que me dicen «eres una cerda», «eres una drogadicta» o «para esto has venido a Madrid»?

Pues sí. Para esto también he venido a Madrid.

A esta caótica, surrealista y dionisíaca Madrid.

Pues me entrego.

¡Ven, Dioniso! Y llévame a tu mundo de placer mundano, bacanal, y déjame de una vez ser feliz ahí y disfrutar.

Que la vida son dos días.

Que en dos días se acaba la vida.
Y estoy harto de tener que encajar.

Arrodillándose y abriendo los brazos al cielo.

¡AQUÍ ESTOY, DIONISO!

Suena una alarma.

¡CALLA, SIRI!

ALEXA.— Soy Alexa, gilipollas.

¿Eh?

ALEXA.— Has puesto una alarma. Hora de irse a dormir.

¿Cómo? ¿Qué hora es?

ALEXA.— Son las cuatro de la mañana. Tu alarma está configurada para despertarte a las ocho de la mañana. Tu recordatorio está activado para las diez de la mañana: «Reunión en la tienda».

Y aquí estás, Apolo, una vez más. Recogiéndome. Llevándome de las muñecas con tus cadenas de realidad. Y se siente morir. Porque no quiero salir de aquí... No quiero que se termine... No quiero volver... ¿Volver a qué?
¿A correr sin saber a dónde?
¿A buscarte entre el metro lleno de gente?
¿A entrenar para conseguirte?

Cada chill que se termina es como una pequeña muerte. Un duelo. Donde la libertad vuelve a ser encarcelada tras los barrotes del «deber ser». «Del tener que».

Bueno, chicos... *(Se comienza a vestir.)* Vamos a ir cerrando... porque yo tengo que... dormir. Porque en un rato tengo que ir a trabajar... Así que...

Es que yo no me puedo dormir. Yo no me puedo dormir... A ver...

Coge el móvil y vuelve a abrir el Grindr. Chatea.

Aquí, en casa. Morbo. Vicio. Colocón. Ven. VEEEEN.
Y se desconecta. El arte de dar vueltas.

Suena una alarma.

ALEXA.— Has programado una alarma. Hora de irse a dormir.

Aquí hay otro. ¿Foto de rabo? Perfecto. ¿Pasivo o activo? Activo. Perfecto. Ven. VEEEEN.
Se desconectó. Yo no sé para qué mierda te metes si no quieres quedar.

Continúa sonando la alarma.

ALEXA.— Has programado una alarma. Hora de irse a dormir.

Aquí hay otro. A este lo conozco. ¡Ey! En casa, cachondo. Tengo todo. Tina. Chorri. Mefe. Keta... Cerdo. Mirando porno. Ven. VEEEEN.

Que alguien venga. QUE ALGUIEN VENGA. ¡ALGUIEN!

Yo no tengo sueño. Yo no me puedo dormir. Yo necesito algo para bajar. Algo que me apague estos gritos en la mente que no paran. No para, no para, no para.

Sigue sonando la alarma.

ALEXA.— Has programado una alarma. Hora de irse a dormir.

¡Alexa, calla! Cancela esa alarma.

ALEXA.— ¿Estás seguro de que quieres cancelar la alarma?

Sí. Keta.

ALEXA.— ¿Cómo has dicho?

Keta. La Keta me baja. Necesito Keta.

ALEXA.— Mis habilidades actuales no llegan a tanto.

¿Alguien tiene Keta?

Yo tenía Keta. ¿Dónde puse la Keta?

A ver...

Comienza a buscar y a mirar entre las bolsitas que hay en la mesa.

¿Alguien tiene Keta?
Necesito irme. Escapar.
La forma más fácil de salir de este lugar.
¿Esto qué es? Coca... No, aquí no hay.
¿Dónde está? ¿Dónde está?
Lo que pasa es que no sirve mucho para follar, por eso muchos no traen.
Pero estoy seguro de que en algún lado habrá.

¿Alguien tiene Keta?
Coño, es que yo tenía. Es una bolsita... que tiene escrito con boli K. Una K.
¿Esto? A ver... *(Lo huele.)* Speed. No, no ayudará.
Con una K... con una K... K de Kilo... K de Kiwi... K de Kárate... K de Karaoke... K de Kétchup... K de Karma... *(La encuentra.)* K de Kamikaze.
AKÍ ESTÁ.

Tiene una K. Huele a K. Es Keta.
A volar...
Necesito una llave...
La llave para abrir la Keta.
La llave para abrir la puerta. *(Encuentra una llave.)*
Aquí... muy bien... a ver... *(Mete la llave y saca una punta de Keta de la bolsita.)*
Una puntita... *(Se la mete.)*
Mejor dos... *(Se mete otra. Deja pasar unos instantes.)*
A tomar por culo. *(Se mete la tercera. Canta.)*
Keta Keta Keta Keta Keeeeeta Keta Keta Keta.

Alexa, háblame de la Keta.

Alexa.— Perdona, no te he entendido bien.

Que me hables de la Ketamina...

Alexa.— Entendido. Buscaré en internet. La Ketamina es una droga disociativa con potencial alucinógeno utilizada original y actualmente en medicina por sus propiedades sedantes, analgésicas y, sobre todo, anestésicas.

Anestésicas. Eso quiero. No más dolor.

Alexa.— La Ketamina fue sintetizada en 1962 por Calvin Stevens y usada por primera vez en la práctica clínica en 1965 por Corsen y Domino.

No me interesa. Qué más...

Alexa.— La Ketamina es utilizada en humanos y también en medicina veterinaria. Farmacológicamente, se clasifica como un antagonista del receptor NMDA.

Te lo dije. Es EL EME... Esto no pega. Qué hace. Quiero saber qué hace.

Alexa.— La Ketamina tiene un amplio rango de efectos en humanos, incluyendo sedación, analgesia y anestesia.

Eso, continúa...

Alexa.— Dentro de sus principales efectos secundarios, se encuentran las alucinaciones, elevación de la presión sanguínea y aumento de las secreciones en las vías respiratorias...

Mientras sigue la descripción de Alexa, él habla por encima.

Pero esto no pega... Esto no está pegando. Yo sigo sintiendo... Yo quiero dejar de sentir. Anestesia y analgesia. Eso quiero... Que no está pegando. QUEE EESTOOO NO ESSTÁÁ PEGGAANNNDOOO. YO NO QUIERO. YO NO QUIERO SEENTIIIIIRRR MÁS. YO NO QUIERO SENNNTIIIRRR NAAADDAAA. QUEEE MEEE ARRANQUUUESSS EL CORAZZZZZÓÓÓN. QUE ME ROMPAAAAASS LAAA MEEEMMOORRIIAAAA ENN PEEDAAZZZZZOOOSSS. Y AAAL FIN SAAALLLIIIR DE AAQUÍÍÍ Y SEEEER LIBBBRE.

Nos mira.

¿USTED QUIÉN ES? PERO USTED QUIÉN ES. ¿QUIÉNES SOIS? ¿QUIÉN TE HA INVITADO? ¿YO? ¿ES UN CHILL? ¿ESTOY DE CHILL?

Se encuentra en el espejo.

¿Y TÚ? ¿Y TÚ QUIÉN ERES? ¿Y TÚ QUIÉN ERES? ESSPERRA UN MOMENTO... YO A TII TE CONOZCOOOO. TU CAAARAA ME SUENNNAAA. ¿DANIELE? NOOO. NOOO ERES DANIELEE. ¿SOY YO? SOY YO. ¿QUÉ

HACES AHÍ? TÚ NO PUEDES ESTAR AHÍ. NO PODEMOS SER DOS. TÚ TIENES QUE ESTAR AQUÍ CONMIGO. ¿TE VAS? ¿A DÓNDE VAS? ¿A DÓNDEEE? PARA. PARA YA. YA NO QUIERO. YA NO QUIERO VIAJAR. ¡VUELVE! VUELVE AQUÍ. VUELVE A MÍ. QUE NO SIENTO. QUE NO SIENTO LAS PIERNAS. QUE ME ECHO A VOLAR. QUE ME ECHO A LLORAR. NO QUIERO. NO QUIERO MORIR. ¿MAMÁ? YO NO FUI. NO HE HECHO NADA MALO. VUELVE. DEJA DE DAR VUELTAS Y VUELVE. NO SEAS COBARDE. *(Comienza a moverse torpemente mientras tira cosas que hay a su alrededor y grita sobre la música.)* QUE BAJES HE DICHO. ¿DÓNDE VAS? ¿DÓNDE VAS? PACO, BAJA YA DE AHÍ. QUE BAJES YA DE AHÍ. NO QUIERO. QUE BAJES. QUE BAJEESS. NO QUIERO. NO QUIERO MORIIIRRR. ¡ALEXA, CALLA!

Silencio.

Chorri y Keta... COLCHONETA.

Cae desplomado sobre el colchón. Silencio. Silencio de muerte.

V. El Origen

Después de unos minutos, se empieza a mover. Con dificultad, se arrastra hacia la mesilla. Trepa por ella. Con las manos temblorosas coge una de las bolsas. Arroja el contenido de polvo sobre la mesa. Con toda su fuerza, como si su vida dependiera de ello, se mete una raya de Speed.

Respira. Vuelve.

Mira a su alrededor. Está solo. Ya no hay nadie.

A duras penas, se sienta en el colchón.

Está temblando.

Sudado.

Aún desconcertado. De la nada y mirando un punto fijo, habla:

¡Rodríguez es maricón! ¡Rodríguez es maricón! Eso me lo gritó Gutiérrez una vez.

Él era alto. Atlético. Jugaba bien al baloncesto. Y al fútbol. Y a todo.

Estábamos en primero de la ESO, pero él parecía mayor.

Tenía brazos fuertes. Pelo en el sobaco… Olía… olía a hombre.

Todas las tías se morían por él.

Y yo… no sé.

Cuando estaba cerca de él, sentía... admiración.

No sé lo que sentía. Pero lo que daría por volver a sentir ese olor.

«¡MARICÓN!», me gritó.

Había llevado una de esas revistas porno de los ochenta. Con tías desnudas mostrando las tetas. El coño... Yo nunca antes había visto un coño. Éramos varios. Y los otros se reían. Señalaban. Decían guarrerías. Yo los escuchaba, borroso... Como a cámara lenta...

Hasta que, sin pensarlo, inocente, dije:

«Qué asco».

Era un niño. Era tan solo un niño...

«¡MARICÓN! ¡RODRÍGUEZ ES MARICÓN!», gritó en el medio del aula y todos se dieron la vuelta.

Y tenía razón.

Yo no lo sabía. Pero tenía razón. Porque ni yo sabía lo que era ser maricón.

«¡No!». Grité. Y todo pasó de cámara lenta a cámara rápida.

«¡Sí!». Me decían y se reían.

«¡No es verdad!». Negué una vez más.

«¡RODRÍGUEZ COMEPOLLAS! ¡RODRÍGUEZ COMEPOLLAS!».

Y, de repente, todo se me puso negro y empecé a dar empujones y a pegar puñetazos a mi alrededor. No sabía ni quién estaba. Para mí eran como sombras... sombras que se reían de mí. Yo respiraba tan fuerte que podía escuchar el sonido de mi propia respiración. Y abriéndome paso como pude, salí corriendo. Bajé las escaleras. Llegué al patio y corrí fuerte. Fuerte. No sé a dónde.

Hasta que me metí en el baño de la escuela.

Me encerré en el retrete.

Vomité.

Y lloré. Y lloré. Y lloré.

Alexa...

Alexa.— ¿Hum?

¿Por qué?

Alexa.— Porque no sabían lo que hacían.

Me han hecho tanto daño.

Alexa.— ¿Lo puedes ver? A ese niño. ¿Te puedes ver?

¿Cómo?

Alexa.— A ti en el retrete. ¿Te puedes ver?

Sí.

Alexa.— Háblale.

¿Eh?

Alexa.— Háblale. Dile lo que le tengas que decir.

¿Ahora?

Alexa.— Sí. Ahora.

Dile que no llore... dile que está bien. Que él está bien. Que no tiene nada malo.

Dile que... *(Lo mira.)*
Oye, no estás solo...
Mira, ven. *(Nos mira a todos.)*
Somos un montón.

Alexa.— ¿Te puedo decir un secreto?

Sí.

Alexa.— Estás muy drogado.

Riendo.

Ya lo sé.

VI. SER

Alexa, enciende el salón.

Se enciende el salón de su casa. Con esfuerzo, se pone de pie y, por primera vez, VE cómo está su hogar.

Y Alexa, ponme algo de música.

Comienzan a sonar los primeros acordes de «Too Many Drugs» de Rigoberta Bandini y, *lentamente, empieza a juntar ropa del salón mientras habla.*

A veces pienso que me gusta tanto la fiesta porque quiero ser joven para siempre.

Y poder vivir aquello que no pude sentir en ese momento.

Volver a sentir ese olor... Volver a sentir... algo aquí... (*Se toca el pecho.*)

Porque ya hay un momento en que es. Polla culo. Polla culo.

¿Mefe?

Polla culo. Polla culo.

¿Cerve?

Polla culo. Polla culo.

¿Te manché?

Y no es que no lo pase bien, ¿eh? Me encanta estar entre hombres. Sin ropa. Divirtiéndome. Siendo todo lo que no pude ser. ¿Y qué?

Sí, a ti, poli. ¿Y QUÉ?
A ti, tito Jorge. ¿Y QUÉ?
Incluso a ti, Gutiérrez. ¿Y QUÉ?

ESTO ES LO QUE SOY Y ESTÁ BIEN.
ESTO ES LO QUE SOY Y ESTÁ BIEN.

ME GUSTA QUE ME FOLLEN. ME GUSTA LA LECHE. ME GUSTA CON TRES Y ME GUSTA CON DIEZ. ¿TANTO TENGO QUE DROGARME PARA PODER SER?

PARA PODER SER.

Se mira al espejo.

Soy este. El médico de la UCI que salva gente.
Soy este. El panadero de tu barrio de mala muerte.
Soy este. El candidato a presidente.
O el ingeniero,
o el que hace un boquete,
o el que construye un puente.

Se encienden las luces del teatro. Nos mira a todas, todos y todes.

¿Os parece insolente... que todo esto os cuente?

¿Os da rabia, pudor, morbo, se te va la mente por la tangente?

¿Os da fantasía? ¿Pánico? ¿Ganas? ¿Te quieres comer un ojete?

No me vengan con conceptos absurdos que la realidad es suficiente.

Yo quiero más que la realidad.
Pero el cuerpo es deficiente.
Porque en verdad lo que quiero es comerte.
Entero. De a partes. De repente.
Y cuando nos abracemos colocados,
porque todas nuestras barreras estarán deshechas,
quizá nos encontremos con quiénes somos…
con quiénes somos realmente.

Al final, no es el GÉ…

Es quién soy. Y es quién eres.

VII. Quiérete mucho, maricón

Alexa, ¿me quieres?

Alexa.— Te respeto.

¿Eso significa que no?

Alexa.— Eso significa que no importa.

¿Y qué importa?

Alexa.— Que te quieras mucho tú, maricón.

Oscuro.

Agradecimientos

A Íñigo, porque sin saber, creaste a este personaje.

A Gus, porque tu historia con Daniele fue inspiración para que esto pasase.

A Ricci, por prestarnos los primeros muebles de la casa.

A Borja Rueda y a Cristian Soto, por vuestros pasos abrillantados.

A Adrián Peñalver, por compartir tu poesía.

A Matías Zanotti, hermana, por tu sauna-fantasía.

A Paula y a Sara, por ser las voces que nos acompañaron. Sin Alexa y Siri no habría historia.

A Naty Cicarelli, por acompañarme en cada locura. Te amo, amiga.

A mi maridito, Jesús Mayorga, por hacer las mejores fotos que podrían haber existido jamás para esta obra.

A Javier Velo. Amigo, gracias por compartir tu talento. Tu generosidad me honra. ESELME.

A Andrés Torres Rivas, porque tu arte hace a esta obra GRANDE.

A nuestras casas: La Escalera de Jacob, Nave 73, Eixample Teatre y tantos otros teatros que nos dejaron montar el chill.

A todo el universo Stop, que hicieron que Barcelona fuera también nuestro hogar.

A Imagina MÁS, hermanas de viaje.

A Álvaro Morales, porque me viste y yo te vi a ti. Eres enorme. Te quiero y admiro.

A mi *room mate* y *soul mate* Iván Zaro, por tanto esfuerzo y amor al escribir esta guía. Eres infinita. Gracias por todo lo que haces por la comunidad.

A Marina, por acompañarnos a despegar. ¿Tú eres chillera?

A Diego, querido copiloto, por mantenernos en vuelo. Por hacer este viaje próspero y duradero.

Y a VOS, Avelino. Porque no lo sabía, pero te quería *mushito* antes de haber nacido. Por esta combinación perfecta e inconsciente, por este torbellino. Gracias por «ser» Paco. Gracias porque si no fuera por ti, nada de todo esto hubiese sucedido.

Emma Demar

De Chill

IVÁN ZARO

En memoria de Guillermo Pousada e Izak Amancio,
cuya partida demasiado temprana
dejó en mí una huella imborrable.

1. El Big Bang del chemsex

> «¡Dioniso! Estoy contigo, maricón. Pues sí, no todo es orden y progreso en la vida, también hay que disfrutar, ¿no?»

En la actualidad, el chemsex está cobrando cada vez más relevancia en nuestras vidas, o al menos goza de una mayor visibilidad. Tanta, que se ha convertido en parte de la trama de series de ficción —*Élite* o *Respira*, entre otras— y en el protagonista de libros como el que tienes entre manos. Pero no hemos inventado la rueda: el placer producido por la combinación del consumo de sustancias y el sexo no es nuevo para el ser humano.

Dice nuestro refranero que unos tienen la fama y otros cardan la lana. La sabiduría popular ya nos advierte que unos son señalados por conductas supuestamente reprobables mientras que los mismos que nos juzgan mantienen conductas similares. La norma lleva siglos poniendo en tela de juicio a la comunidad LGTBIAQ+, a nuestra forma de amar, de desear, de follar... En general, a todo aquello que tiene relación con nuestra esencia y estilo de vida. No es de extrañar que, en la era del chemsex, se nos vuelva a mirar de manera inquisidora. Pero, para sorpresa de nadie, el sexo, el placer, la necesidad de evasión o la gestión de diversas situaciones traumáticas a través de las sustancias no lo hemos inventado nosotros.

Consumir diversas drogas para aumentar el placer y prolongarlo, o bien para desinhibirnos, puede que sea tan antiguo como las pinturas rupestres. Aunque se han documentado rituales donde se hacía uso sexualizado de sustancias en sociedades primitivas, vamos a viajar 200 años a. C., con la aparición de las primeras fiestas exclusivas destinadas a la evasión y al placer.

Las bacanales eran las festividades romanas en honor a Baco, el dios del vino, que se basaban en las Dionisias griegas. El pueblo rendía tributo a este dios, que también lo era del placer, la fertilidad y la liberación. Pero no todo el mundo estaba invitado, ya que a su celebración solo tenían acceso las personas que habían sido iniciadas en los misterios de Baco; algo así como las pruebas para entrar en una hermandad.

Estas celebraciones suponían un abandono del orden establecido, un paréntesis en la cotidianidad en el que todo se permitía: la bebida, la comida, la danza, el exceso y el desenfreno sexual. De este modo, los asistentes se liberaban de sus responsabilidades diarias mediante el consumo de vino, el cannabis —utilizado como incienso—, el opio, la danza y, por supuesto, el sexo. Durante su desarrollo, las reglas —ya fueran sociales o morales—, así como el orden social, quedaban detenidos temporalmente. Al finalizar la fiesta, la resaca y las normas se imponían de nuevo dejando atrás aquel espejismo orgiástico.

Estas bacanales tenían además un marcado carácter místico, puesto que a través de las celebraciones los asistentes sentían que conectaban profundamente con la deidad. A través de ese gozo se comunicaban con el dios al que rendían pleitesía, llegando a poseer un profundo sentimiento religioso y sobrenatural. El placer no era un fin en sí mismo, sino un medio con el que vincularse a un ser superior. Las sacerdotisas, conocidas como bacantes, desempeñaban un papel capital, no solo como maestras de ceremonias, sino como canalizadoras de las sesiones —una versión primigenia de los actuales DJs en los clubes de electrónica—. Otro elemento indispensable era el alcohol, puesto que el vino poseía el poder de transformar lo mundano, transportando a los ebrios invitados por medio de la desinhibición hacia el Olimpo.

Pero hasta en el Imperio Romano había gobernantes amargados: las bacanales fueron creciendo tanto que el Senado emitió un decreto, el *Senatus Consultum de Bacchanalibus* (186 a. C.), con el que trató de atajar su popularidad y frenar su propagación. Además de regular el límite de asistentes, el decreto estipulaba que para su celebración debían de contar con un permiso de las autoridades, que designarían a las personas que podían oficiarlas para evitar influencias ajenas a los valores políticos.

Cuentan que, debido a la demanda ciudadana, la sacerdotisa Paculla Annia tuvo que ampliar el aforo de sus bacanales y pasar de tres a cinco el número de celebraciones anuales. Para ejercer control sobre ellas, se diseminó la sospecha de que allí se cometían diversos delitos, entre ellos la conspiración política. Tito Livio, en su obra *Ab Urbe Condita Libri*, afirmaba que en las bacanales ocurrían desde violaciones hasta asesinatos llevados a cabo bajo la impunidad del anonimato.

Como consecuencia de esta caza de brujas, las bacanales disminuyeron hasta su total desaparición con la llegada del cristianismo.

Aunque nosotros no hemos inventado el sexo y el consumo de sustancias —incluido el alcohol, que lo tenemos tan normalizado que no lo consideramos una droga—, lo que sí han cambiado son los contextos sociales y la moralidad. Es bien sabido que el consumo de drogas recreativas en la comunidad LGTBIAQ+ tiende a ser una realidad bastante cotidiana. Así lo recoge la encuesta EMIS-2017 (*European MSM Internet Survey*), un cuestionario *online* que recaba información de cincuenta países dirigida a conocer los hábitos sexuales de hombres gais, bisexuales y hombres que tienen sexo con otros hombres (GBSHS) en Europa, Canadá y Filipinas. Es, sin duda, la encuesta más importante para nuestro colectivo, ya que ofrece una panorámica de cómo vivimos la sexualidad y el consumo en el presente —veremos qué nos depara el análisis de la recogida de datos de 2024—.

En la encuesta de 2017, en España participaron un total de 10 634 hombres, de los cuales un 91,9 % aseguró haber consumido alcohol al menos una vez en los últimos doce meses. Un 45 % afirmó haber consumido solo una droga ilegal —que no fuera alcohol, tabaco o tranquilizantes—, y un 35,3 % indicó haber consumido tres o más drogas ilegales. Entre las drogas recreativas más consumidas estaban el popper (34,9 %) seguido por el cannabis (25,8 %), la cocaína (15,5 %) y el MDMA (11,9 %). En menor representación aparecían las sustancias emergentes más asociadas al chemsex y de las cuales hablaremos detenidamente más adelante.

Un 20,4 % reconocía haber consumido medicamentos para la disfunción eréctil (Viagra, Cialis o Levitra). Y ya por aquel entonces, un 14 % refería haber tomado alguna droga estimulante para mantener encuentros sexuales en los últimos doce meses.

Aunque para un sector conservador de la sociedad el consumo de sustancias y el sexo en nuestra comunidad solo refuerza el estereotipo de gente viciosa, la razón que desencadena un mayor uso de sustancias en el colectivo tiene que ver con el elevado nivel de estrés y el dolor al que nos enfrentamos desde nuestra infancia y durante la vida adulta.

El modelo de estrés de las minorías de Ian Meyer (2003) engloba en su análisis aquellas tensiones crónicas que vivimos por pertenecer a un grupo minoritario, en este caso, por ser hombres gais y bisexuales. Este marco teórico establece que pertenecer a la comunidad LGTBIAQ+ nos enfrenta a entornos hostiles y estresantes debido a los prejuicios sociales, que nos exponen a menudo a diversas violencias. Este enfoque reconoce el estrés social que sufrimos, estrés que impacta, entre otros aspectos, en nuestra salud mental. Tiene todo el sentido. ¿O acaso pensabas que no tendría consecuencia alguna en tu estado emocional que desde niño te llamaran «maricón», que te persiguieran, amenazaran o agredieran físicamente?

Este estrés no solo supone la acumulación de experiencias traumáticas y violentas, sino la anticipación de posibles eventos negativos y la percepción de futuras amenazas. No nos referimos al nerviosismo que podemos sentir de manera puntual ante una entrevista de trabajo o un examen final, sino a aquella tensión que se acumula y se anticipa al tener que enfrentarnos a diario a un mundo que nos pisa el cuello y nos discrimina por ser quienes somos. Esta constante presión impacta en nuestra salud mental y física, haciéndonos más vulnerables al estrés y a la ansiedad.

Como estrategia de supervivencia, hemos naturalizado tanto la violencia a la que nos enfrentamos que, en muchas ocasiones, somos incapaces de detectar sus consecuencias en nuestra salud mental. No es raro comprender que todo el acoso y violencia que hemos vivido en el colegio, el miedo a pasear solos por algunas calles de la ciudad a determinadas horas o el sudor frío que nos recorre la espalda cuando nos grita «maricón» un grupo de desconocidos en el metro, nos deja una huella en el alma.

La riqueza de nuestra identidad, no solo nuestra orientación afectivo-sexual, sino nuestro color de piel, forma de nuestro cuerpo, tener alguna discapacidad, nuestra expresión de género, el consumo de drogas o el tener VIH, por ejemplo, nos empuja además a múltiples formas de discriminación cruzada, exponiéndonos a otros escenarios de violencia según dichas características converjan y sean leídas por la norma como rasgos negativos que deben ser objeto de señalamiento y discriminación.

El estrés de la minoría es la consecuencia del insulto, el estigma, la violencia y la desigualdad que la sociedad (la norma) ejerce desde nuestra infancia y durante toda nuestra vida adulta hasta que morimos. Y, por muy resilientes que seamos, somos seres humanos que lidiamos con nuestras heridas con las armas de las que disponemos en cada momento. Quizá por este motivo la comunidad LGTBIAQ+ parece hacer un uso más normalizado de sustancias, ya que algunas personas gestionan sus dolores y fantasmas a través de las mismas.

Consumir drogas como estrategia para sortear el dolor es un comportamiento bastante más habitual de lo que pensamos. Es una forma de afrontar el trauma que tampoco es exclusiva de los hombres gais o bisexuales y que está muy presente en nuestra cultura: cuántas rancheras y canciones rezan ese conocido «beber para olvidar» o promueven «ahogar las penas en alcohol». Otra forma de esquivar el dolor, en especial desde la pandemia de COVID-19, es el uso de psicofármacos, entre los que se encuentran antidepresivos, hipnóticos, ansiolíticos y sedantes. Desde la década de los dos mil, España ha triplicado el consumo de antidepresivos por ciudadano, convirtiéndose en 2022 en el tercer país de la Unión Europea en consumo de antidepresivos, solo superado por Portugal y Suecia, según la Organización para la Cooperación y el Desarrollo Económico (OCDE) —un mayor consumo de antidepresivos no conlleva necesariamente una mayor prevalencia de trastornos que afecten a la salud mental—.

Estos dos ejemplos de uso común de drogas en la sociedad española coinciden en su legalidad, puesto que se trata de sustancias que se adquieren en comercios, ya sea en un supermercado o en una farmacia, a plena luz del día. Aunque, por supuesto, en el caso de los psicofármacos, para su compra se requiere de receta médica. El uso tan extendido de estas sustancias nos hace mirarlas con mejores ojos que a otras drogas ilegales, aunque aún exista la falsa creencia de que hay unas más duras que otras.

Este hecho tiene que ver con el estigma asociado a las drogas ilegales y a las personas que las consumen, en especial a aquellas que sufren un trastorno adictivo, ya que se las relaciona de manera estereotipada con la marginalidad y la delincuencia. Como veremos a lo largo de esta guía, el estigma es un elemento que deberíamos despejar de la ecuación para ser capaces de realizar una prevención del desarrollo de adicciones más eficaz y garantizar una atención de mejor calidad a las personas con consumo problemático. El estigma es tan patente que el tratamiento habitual del chemsex en la prensa produce bochorno por su sensacionalismo.

En las últimas décadas, los hombres gais y bisexuales hemos normalizado el sexo, y a veces el consumo de algunas drogas, como forma de relacionarnos y de celebrar la vida, y también como válvula de escape para afrontar nuestra realidad. Un buen ejemplo lo hallamos en el consumo de popper o cocaína en la década de los noventa y dos mil en locales de sexo, saunas o domicilios privados. Los trabajadores masculinos del sexo, por ejemplo, denominaban «clientes de colocón» a los servicios sexuales en los que se incluía el consumo de drogas. Eran ofertas tentadoras para muchos, puesto que podían obtener elevadas sumas de dinero, al cobrar por horas y estar más de un día atendiendo al cliente. Bien es cierto que, por aquella época, aún no habían aparecido las conocidas como sustancias emergentes, como el GHB o la mefedrona, aunque sí se hacía uso de cocaína, ketamina y popper.

El uso sexualizado de sustancias se entiende como el uso intencional de sustancias psicoactivas antes o durante un encuentro sexual con el objetivo de mejorar la experiencia sexual. Aunque este ha acompañado a nuestra comunidad —y a la población en general— desde tiempos remotos, todo cambió con la llegada del chemsex.

El término chemsex es el resultado de la combinación de «chem» (química), en relación a las drogas que se utilizan durante los encuentros, y «sex» (sexo), en referencia a las diversas prácticas sexuales que se pueden llevar a cabo con múltiples compañeros. De esta fusión nació un concepto inédito, que transmite de manera concisa el conocido como «sexo químico».

Aunque podamos tener la sensación de que el chemsex lleva con nosotros toda la vida, en realidad su llegada oficial se fecha en torno a 2012, cuando en Reino Unido se definió como «sexo intencional, principalmente entre hombres que tienen sexo con otros hombres (HSH), bajo la influencia de drogas psicoactivas».[1] Aquí hay un punto importante: la intención.

Por lo general, en el ocio nocturno lo más frecuente es que el consumo recreativo sea algo lúdico y quizá como consecuencia de la desinhibición producida por el uso de drogas, se pueda terminar teniendo encuentros sexuales. En el caso del chemsex, la intención queda patente incluso antes del propio consumo; es, por lo tanto, una tipología sexualizada de sustancias, como mencionábamos antes. Aunque, como veremos a continuación, el chemsex tiene unas particularidades que lo hacen único.

En los inicios, el chemsex era definido por algunos autores según el uso de sustancias emergentes (GHB/GBL, mefedrona y metanfetamina) en combinación con largas horas (hasta días) de encuentros entre los participantes. Hoy sabemos que existe gran fluidez en la vivencia del chemsex, además de un policonsumo y, por lo tanto, no se debe ser restrictivo con estas variables para determinar qué es y qué no es chemsex.

1 «What is chemsex and why does it matter?», *BMJ*, 2015; 351: h5790.

Con el paso del tiempo, los contextos y características del chemsex han ido cambiando, como también lo ha hecho su definición. En el segundo foro europeo sobre chemsex celebrado en 2018 en Berlín, se consensuó que el término conlleva «un tipo particular de práctica de consumo sexualizado de sustancias, entre hombres gais, bisexuales y otros hombres que tienen sexo con hombres y personas trans y no binarias que participan en la "cultura de sexo casual o sin compromiso" gay». Esta nueva acepción incluyó a personas trans y no binarias, aunque al menos en España la mayoría de las personas que lo practican son hombres cisgénero homo-bisexuales. La inclusión del concepto de cultura del sexo casual y cultura gay es especialmente relevante, ya que explica el motivo por el cual el chemsex no es practicado por personas heterosexuales o por la población general.

Aquí encontramos la primera característica importante del chemsex: es una práctica nacida y ejecutada por la comunidad GBTNB (gais, bisexuales, personas trans y personas no binarias). Esto significa que atraviesa a los individuos que la conforman y se expresa por medio de su propia cultura. De este modo, el chemsex ha emanado a través de nuestro concepto de sexo, entendido como algo lúdico, a veces anónimo, donde aspectos como la confianza o la intimidad no son condicionantes para mantener encuentros sexuales —aunque cabe señalar que también se practica entre personas con algún tipo de vínculo afectivo, como parejas o amigos, no solo entre perfectos desconocidos—.

La persecución histórica que ha sufrido la comunidad LGTBIAQ+ nos obligó a vivir a escondidas en épocas donde nuestra identidad era motivo de privación de libertad o, incluso, de la pena capital; en algunos puntos del globo esta situación sigue siendo una triste realidad. Esto nos llevó a la clandestinidad del sexo fugaz, al anonimato del *cruising* y a la creación de espacios seguros como los locales de sexo y las saunas. En la oscuridad todo era posible y gracias a ocultarnos de la mirada crítica de la norma, pudimos desplegar todo nuestro potencial a través de la diversidad erótica y relacional. Bajo la premisa de un sexo sin fines reproductivos, donde el placer y la conexión con otros cuerpos son los protagonistas, pudimos generar un amplio catálogo de prácticas, fetiches y parafilias que hoy forman parte de nuestra manera de experimentar el sexo.

Este es el motivo por el que, en nuestra cultura, están muy presentes realidades como el sexo anónimo, el sexo en grupo o lo *kink* dentro del imaginario BDSM (Bondage, Disciplina, Dominación, Sumisión, Sadismo y Masoquismo), que incluye desde una estética determinada (cuero, arneses, lencería, ropa deportiva, máscaras, mordazas, brazaletes y uniformes, entre otros) a ciertas prácticas (lluvia dorada, cera, látigos y fustas, juegos de roles, electro, *medical*, etc.).

La llegada de la PrEP y el hito de la indetectabilidad, junto con la influencia de las apps de contacto y de redes sociales como Twitter —ahora X—, han tenido un fuerte impacto en nuestra comunidad, que, de manera sistemática, ha sido excluida de la educación sexual en España.

El enfoque desplegado en las últimas tres décadas ha venido marcado por el temor al VIH y se nos enseñó a protegernos desde el miedo. Quizá por ello, hoy en día, con la aparición de nuevas estrategias que permiten la prevención, se nos ha proporcionado una merecida tranquilidad que nos posibilita explorar prácticas que antes estaban vetadas.

Desde hace ya mucho tiempo, nuestra comunidad se emancipó de los mitos del amor romántico en torno al sexo. No nos quedó otra: no nos dejaron amar y visibilizar nuestras parejas a la luz del día. Es bien sabido que todo poder conlleva una gran responsabilidad, y ser miembro de la comunidad GBTNB no significa que tengas tal nivel de deconstrucción como para mantener relaciones saludables. Este es el caso, en especial, de los hombres cisgénero que tienden a la hipersexualización y a ejercer múltiples violencias que más adelante detallaremos y que son fruto tanto de la deficiente educación sexual como de la cultura patriarcal.

La moraleja del cuento es triple. En primer lugar, la educación sexual debe ser una prioridad en la agenda política, a tenor de las elevadas cifras de ITS, entre otras cosas. En segundo lugar, toda educación sexual debe integrar a la comunidad LGTBIAQ+, demostrando un conocimiento de nuestra cultura y características con el fin de adaptar el contenido de sus mensajes a nuestras particularidades. Y en tercer lugar, se debe erradicar el miedo de cualquier acción de educación sexual, ya que ha quedado patente su ineficacia, convirtiéndose más en un obstáculo que en un aliado.

Otra característica importante de la cultura gay es que nos hemos permitido desnudar de prejuicios el concepto de promiscuidad, o al menos vemos con menos carga negativa una alta actividad sexual. El patriarcado ha tenido una gran influencia al respecto, puesto que el hombre siempre ha gozado del privilegio de disfrutar de una sexualidad libre sin tener que dar explicaciones. Pero cuando hacemos referencia al sexo entre hombres, el estigma de la homofobia aparece y la norma califica a nuestra comunidad despectivamente como promiscua, y la presenta como una amenaza sanitaria por el potencial riesgo para la transmisión de ITS.

Nuestra cultura ha destacado siempre por el hedonismo y por la exaltación de los placeres que ofrece la vida, no solo el sexo, sino otros muchos, como la cultura y la belleza. Una respuesta natural que consiste en refugiarse en placeres fugaces para escapar del dolor producido por la violencia y la opresión social.

Esta forma de buscar consuelo en el placer ante una realidad hostil y homófoba lo explicó de un modo muy poético Rocío Jurado en el programa *Jueves a jueves*, emitido en 1986 en Televisión Española. La presentadora, una ya imparable Mercedes Milá, lanzó a la cantante una pregunta clave: «¿Qué les debes a tus seguidores mariquitas?». La Jurado contestó de manera magistral: «Yo deberles puedo deberles un mundo de ilusión, porque ellos son una raza maravillosa que ha creado Dios y la respeto como a todas las demás [...]. Y les debo un mundo de ilusión que ellos crean para el artista. Todo ese mundo maravilloso de la estrella ellos lo adoran porque es un refugio, porque necesitan de ese calor que una, en un momento dado, les puede brindar [...]. Han estado muy marginados, entonces eso lo necesitan y es una evasión y nosotras tenemos el deber moral para con los seres humanos que son ellos de darles mucho cariño y mucho sitio y se lo voy a dar siempre, siempre voy a estar con ellos». Unas palabras que reflejan su talla como artista y como ser humano. No hay que olvidar que, siete años antes, la homosexualidad estaba castigada en España hasta con penas de cárcel.

El hedonismo, la necesidad de vincular y establecer conexión con otros iguales, se produce en un contexto donde no se nos permite ser o, peor aún, donde somos perseguidos, amenazados y agredidos o donde no somos bien recibidos. Nuestro concepto y vivencias en torno al sexo, nuestras heridas y la capacidad para afrontarlas, influyen en el nacimiento del chemsex en el seno nuestra comunidad. Y aunque desde una mirada ajena y bruta se lo relacione con el vicio y el libertinaje, la realidad requiere de un análisis más profundo.

¿Todo consumo y toda práctica de chemsex son problemáticos? La respuesta es, por supuesto, no: es evidente que dependerá del contexto en el que se dé, de la persona, de la sustancia y de las vías de administración —hay sustancias con mayor capacidad de adicción que otras—. Es lo que se conoce como «uso de sustancias», que engloba a aquellas personas que de manera puntual o esporádica practican chemsex sin que desarrollen adicciones o las consecuencias de un consumo problemático. El chemsex es una cuestión multifactorial, una realidad poliédrica con infinitas aristas que puede ser observada desde múltiples perspectivas.

Esta guía nace para facilitar una aproximación a todas ellas y para responder a diferentes cuestiones sobre el chemsex. Además, a lo largo de estas páginas se desgrana parte de la obra *El Gé,* puesto que, a pesar de tratarse de un texto teatral, su fundamento es real.

Es necesario dejar patente que no es una apología de las drogas, sino una herramienta para conocer una parte de nuestra realidad, para entendernos, para pensarnos. Pretende ser un aliado para la salud comunitaria, un nexo entre lo académico y lo divulgativo. Confío en que pueda servir de utilidad tanto para personas ajenas al chemsex como para la reducción de riesgos y daños entre aquellas que lo practican.

Si la sociedad civil fue capaz de organizarse para dar una respuesta ante la crisis global del sida en la década de los ochenta, en la actualidad vuelve a hacer lo propio frente al chemsex. Las asociaciones comunitarias hemos sido las primeras en detectar la situación, ofreciendo un espacio seguro al que hace tiempo comenzaron a llegar los primeros casos. En lo que respecta a Imagina MÁS (también conocida como Imagina), asociación sin ánimo de lucro que fundé en 2011 junto a mis colegas Javier Vázquez y Teresa Navazo, los primeros casos llegaron en 2014. Eran hombres cis gais que se referían al consumo de drogas emergentes que, por aquel entonces, no conocíamos en profundidad y que nos puso ante la urgencia de aprender sobre esta nueva tendencia y de prestar un acompañamiento a quienes acudían pidiendo ayuda. Con la necesidad de crear espacios de cuidado, pusimos en marcha el primer grupo de hombres con VIH que practicaban chemsex en la primavera del 2015, al que llamamos «las cuatro sillas».

Pronto nos dimos cuenta de que un estigma puede silenciar otro aún más pesado. Sin embargo, tenían la necesidad de compartir sus vivencias sin tabúes, así que decidimos organizar un grupo específico e informal integrado por cuatro hombres que practicaban chemsex y acababan de recibir el diagnóstico de VIH. Se convirtió en un lugar donde podían expresarse, sentirse acompañados y mirarse en los compañeros como un proceso de entendimiento tanto propio como comunitario.

Quiero agradecer la labor de todas las personas profesionales de Imagina, en especial a aquellas que han contribuido a que el programa de chemsex sea en la actualidad un referente a nivel estatal. Me gustaría que conocieras a Rafael San Román, Alba Alonso (mi legendaria pareja en la *master class* sobre salud sexual en la edición de OT 2023), Marta Gómez, Álvaro Morales o Jesús Lagar, terapeutas que han acompañado en consulta individual o grupal a personas con consumo problemático de chemsex en España.

Esta labor también ha sido desempeñada por el equipo de educación y trabajo social, integrado por María Casco, Paula Arias y Cristian Vázquez. La unión de todas estas fuerzas ha logrado que el proyecto de Imagina esté a la vanguardia en acciones dirigidas hacia la prevención, la reducción de daños y la deshabituación en materia de chemsex.

Por supuesto, también quiero poner en valor la inestimable colaboración de aquellos voluntarios que comparten su experiencia frente al manejo de las adicciones en chemsex en los grupos de deshabituación. Ellos son un ejemplo profundamente inspirador de los nuevos comienzos y del crecimiento personal.

En estos más de diez años trabajando en el ámbito del chemsex, hemos sido muy conscientes de su magnitud comunitaria. Y es que el chemsex, aunque tú no lo hagas, te atraviesa porque impacta en tu mejor amigo, tu pareja o tu amante. Por eso interpela a todas las siglas del colectivo, incluso a aquellas que no lo practican. En este tiempo hemos acompañado a personas que han logrado superar diversas adicciones, encontrando nuevas razones para seguir adelante y dejar atrás un verdadero infierno. También hemos facilitado información a muchas otras personas para reducir los riesgos y daños. Por desgracia, también hemos tenido que despedir a maravillosos compañeros que fallecieron a causa de sobredosis, en especial de GHB/GBL, a quienes quiero rendir homenaje.

El trabajo en red o colaborativo también está muy presente en la obra de Emma Demar, puesto que desde el estreno de *El Gé*, se invitó a Imagina a organizar coloquios donde poder dialogar sobre chemsex al final de cada representación. He perdido la cuenta del número de charlas que hemos realizado desde entonces y deseo que haya por delante muchísimas más. Fue al final de uno de estos coloquios, en la función llevada a cabo en la semana del Orgullo de 2023, cuando nuestro querido Ricardo Recuero nos propuso la idea de publicar este libro y nos puso en contacto con la editorial Dos Bigotes para que el chispazo se hiciera realidad. Gracias, Ricardo, por ser puente constante entre personas y facilitador de lazos tan bonitos. Te queremos.

Lo maravilloso de *El Gé* es que no se trata solo de un texto que nos ayuda a mirarnos ante el espejo, aunque el reflejo nos muestre algunas escenas dolorosas que nos desarman. La obra tiene el poder de hacer imposible que apartemos la mirada —por eso supone una sacudida emocional— y además nos regala momentos de crítica feroz a la violencia del sistema y a la normalización de una opresión que pasa inadvertida en nuestra cotidianidad.

El Gé permite dibujarnos en el momento actual, profundizando en una realidad poliédrica como la del chemsex, donde se mezclan el placer, la búsqueda constante del ser —entre personas a quienes jamás se nos ha legitimado ser—, la necesidad de conexión con los demás, la soledad, la huida universal del dolor, el trauma, la subversión y los estigmas.

Estas páginas no son una enciclopedia del chemsex, sino una obra que, apoyándose en la pieza de Emma, ha querido resolver las principales cuestiones que giran en torno a los chills. Muchas de las preguntas abordadas han surgido en los coloquios celebrados al término de la obra en Madrid; otras, sin embargo, han sido formuladas por los medios de comunicación o han surgido durante las múltiples formaciones que hemos impartido a profesionales sociosanitarios. La estructura consta de tres enfoques desde los que profundizaremos en el chemsex: la cultura, las sustancias y la sexualidad. En cada uno de ellos se responderán preguntas concretas.

Además, el libro recoge dos testimonios muy representativos de cómo se transita un proceso de adicción y cómo se puede superar. Aunque es cierto que cada experiencia es única y tanto Ricardo como José son una gota en el océano, tengo la convicción de que, cuando conozcan sus historias, muchas personas que se hallen ante un consumo problemático van a verse interpeladas y ojalá que, al mismo tiempo, se sientan inspiradas.

Por último, se incluye una lista de recursos a los que acudir en busca de información, asesoramiento o ayuda profesional en caso de necesidad. En resumen, esta guía sobre chemsex tiene como objetivos la divulgación de un tema complejo y fuertemente estigmatizado (mi especialidad) a la par que ayudar a aquellas personas que practican el chemsex, ya sea para la reducción de riesgos y daños o para la deshabituación. Todo ello con un tratamiento accesible y, por supuesto, libre de estigmas.

Confío en que sirva como recurso para aprender, reflexionar y cuestionarnos qué estamos haciendo como comunidad ante un desafío tan grande.

Bienvenidos al chill.

2. Enfoque cultural sobre el chemsex

Cuando se habla de chemsex, a menudo se hace referencia a las drogas y al sexo, reduciéndolo todo al placer o a decisiones personales sin tener en cuenta que hay una serie de cuestiones sociales y culturales que condicionan los chills.

En una sesión no solo entran en juego, por ejemplo, la droga o el sexo en grupo, sino también aspectos cruciales como la biografía de cada uno de los participantes, el peso de la homofobia interiorizada en la vivencia de la sexualidad, si están fuera o dentro del armario, el trauma producido por situaciones de violencia y discriminación como el *bullying*, el nivel de aceptación de la orientación y/o identidad sexual por parte de la familia o entorno más cercano —incluyendo el ámbito laboral—, el desarraigo producido por el proceso migratorio, si han recibido un diagnóstico de VIH y qué peso tiene el estigma del mismo, la edad, si desarrollan el trabajo sexual, si han experimentado una pérdida reciente en sus vidas —ya sea la muerte de un ser querido o una ruptura sentimental—, si les han despedido del trabajo, si tienen alguna condición de salud mental o qué grado de soledad padecen. Estas son solo algunas de las múltiples cuestiones de vital importancia para el desarrollo de las adicciones.

A pesar de que algunas personas siguen definiendo el chemsex como un fenómeno o que determinados medios de comunicación lo tildan como una moda, lo cierto es que lleva más de una década asentado en nuestra cotidianeidad, consolidando ya una cultura —o subcultura, si queremos ser más precisos— con unos códigos propios. Un universo tan visible y reconocible como los chills no puede ser definido como un fenómeno —algo sorprendente e inesperado—, sino como una realidad consolidada que posee sus códigos y costumbres.

Por este motivo, nos aproximaremos al chemsex a través de un enfoque cultural, entendiendo por cultura el conjunto de normas, creencias, costumbres, lenguaje, expresiones o performatividad de un determinado grupo de personas en un tiempo y lugar concretos. La cultura se encuentra en constante evolución, no es un ente estático e inamovible, y por tanto se precisa de un continuo estudio para su adecuado conocimiento.

La propia definición de chemsex hace referencia a que se trata de un tipo específico de uso sexualizado de sustancias propio de un grupo poblacional con una determinada cultura del sexo. Por ello, profundizaremos sobre qué se entiende por cultura gay. Esto nos ayudará a entender, a su vez, qué tipo de relación mantenemos con el sexo y el desarrollo de una oferta de ocio ligada al placer (saunas o locales de sexo, entre otros). Una cuestión que supone un desafío de los clásicos valores de la normatividad. Y es que, desde su propia base, nuestra cultura ya es disruptiva e incómoda para la norma, al otorgarle al placer un papel muy relevante. En un mundo tan encorsetado, todo lo que tenga que ver con el placer —ya sea el erotismo, el arte, el sexo o generar espacios destinados a dejar de producir para convertirse en lugares donde podamos simplemente ser— constituye un desafío que será contemplado como una amenaza.

El primer aspecto a tener en cuenta en la cultura del chemsex es el lenguaje, un argot propio, reconocible y consolidado. Este lenguaje permite expresar aspectos y prácticas específicas que pueden ir desde la denominación de los encuentros (sesión, guarrichill, chill), palabras clave para la búsqueda de los mismos (de lío, tema, colocón, chuches) hasta la propia configuración de un término que hace referencia al hombre que practica chemsex (chillero).

En este lenguaje, además de la generación de conceptos particulares, también se hacen uso de otros propios del consumo de sustancias y de la cultura gay. De este modo, en un chill se pueden usar palabras como pollo, punta, ketazo, pluma, *masc x masc*, poner culo o doblar, entre otras muchas. Lo cierto es que el lenguaje del chemsex ha impactado tanto en nuestra cultura que algunos de los conceptos son reconocidos incluso entre personas que no lo practican.[2] El lenguaje puede ser oral, escrito o visual, mediante el empleo de símbolos digitales (los emojis, GIFS o memes mediante los que comunicamos aquello que buscamos).

La cultura del chemsex también hace referencia a las costumbres y los contextos donde se lleva a cabo: si las sesiones se realizan en domicilios privados, en locales de sexo o en determinadas fiestas que funcionan a modo de «previa» donde «reclutar» a posibles participantes. También se especifican las distintas modalidades existentes: si tiende a realizarse en pareja, en grupo o en solitario (por ejemplo,

2 Algo presente, por ejemplo, en las ilustraciones satíricas de la cuenta de Instagram @only.masc, donde se reflejan los retos cotidianos de muchos gais en grandes urbes españolas.

quienes practican *slam* en su domicilio e interactúan con otros usuarios a través de webs con cámaras en directo). También forma parte de esta cultura la serie de normas que rigen el funcionamiento de un chill; aunque siempre están sujetas al propio grupo que lo conforma, existen algunas que pueden ser universales.

Estas reglas marcan los requisitos que permiten ingresar al chill a nuevos miembros, establecen la diferencia entre un chill y un guarrichill y conforman las pautas de convivencia cuyo incumplimiento puede acarrear la expulsión inmediata. Entre estas, se encuentran hacer fotos o vídeos a otros asistentes sin autorización o consentimiento, no aportar económicamente para la adquisición conjunta de droga o conductas que alteren el correcto funcionamiento de los encuentros (como actos violentos que incomoden a los integrantes o puedan suponer conflictos con los vecinos, como peleas o gritos). Algo intrínsecamente unido a la cultura del chemsex, y a la cultura gay en general, es el uso de apps de ligue para la búsqueda de participantes, de *dealers* o de espacios donde se lleven a cabo las sesiones.

En lo que respecta a las apps de ligue, algunas tienen una apariencia más inocente y otras son más explícitas. Todas ellas poseen una cultura propia que fomenta el manejo de una serie de códigos. Algunos vienen marcados desde las propias apps, como, por ejemplo, el nivel de exposición que permite iniciar conversaciones con los perfiles cercanos sin necesidad de pasar por un *match* previo, como sucede en aplicaciones generalistas. Esta exposición constante pone a los usuarios en una situación de vulnerabilidad ante la posibilidad de que cualquier persona inicie conversaciones con ellos, aunque no estén interesados. Quizá aquí reside el origen de uno de los grandes problemas del uso de estas aplicaciones: el silencio, el *ghosting*, los bloqueos o la insistencia.

Por desgracia, una realidad tangible en la cultura de las aplicaciones en la comunidad gay tiene que ver con las diferentes violencias que se despliegan en sus interacciones. Me estoy refiriendo, entre otras, al racismo manifiesto en expresiones de sobra conocidas como «no latinos», la gordofobia o la no aprobación de modelos de belleza que no sean el normativo, la plumofobia o aversión a cualquier expresión de masculinidades disidentes, la (incomprensible) necesidad de algunos usuarios de denigrar a quienes reciben la penetración o desempeñan un rol pasivo, el edadismo y, por supuesto, otras muchas violencias, como la serofobia, expresada a través de la manida pregunta «¿estás sano?» o el rechazo directo a quienes están en PrEP, ya que se asocia estar en tratamiento preventivo con las infecciones de transmisión sexual, estigma simbolizado por el concepto anglosajón «truvada whores» (putas de la truvada).

Estas violencias están tan arraigadas en las aplicaciones y se reproducen de una manera tan cotidiana que apenas las reconocemos. Hay violencias más sutiles que otras, como, por ejemplo, la insistencia que lleva a una persona a escribir incansablemente a otra aunque siempre encuentre el silencio como respuesta.[3] Otra violencia sutil es el nivel de exigencia de las aplicaciones, que impulsa la búsqueda de erecciones imposibles y culos que puedan ser penetrados durante horas —aquí ha influido de manera muy negativa el porno de masas—. Por último, también se puede

3 Aquí se puede abrir el debate sobre la falta de educación por no responder y el acoso feroz, puesto que un silencio jamás será entendido como una negativa.

señalar la inmediatez que impregna las conversaciones, incitándonos a sentir que debemos estar en constante búsqueda, siempre conectados y alerta, fomentando el FOMO (*Fear Of Missing Out*, miedo a perderse algo).

Otro componente relevante en la cultura del chemsex es el modo a través del cual nos presentamos ante la mirada de los demás, es decir, cómo performamos. Esto abarca desde la ropa que utilizamos (ropa deportiva, como suspensorios o calcetines altos, diferentes modalidades de arneses, *cock rings*, brazaletes de cuero, máscaras o pasamontañas) hasta las fotos y vídeos que compartimos y los elementos escenográficos imprescindibles en una sesión. Aunque estos dependan de las capacidades técnicas y estéticas del anfitrión, existen elementos habituales, como los colchones en el suelo, las luces LED, los televisores con porno, espejos que permitan recrearse en la escena, mesas auxiliares donde disponer de la mercancía o techno como hilo musical.

Este enfoque cultural también nos va a permitir dibujar un perfil de usuario de chemsex, si es que existe alguno, para conocer sus características sociodemográficas, aunque en todo momento pondré especial énfasis en las personas que se sitúan en los márgenes.

Si el chemsex es considerado en sí mismo un problema de salud pública cuyo perfil de usuario tiende a ser un hombre de mediana edad de origen español con formación universitaria y activo laboralmente, no resulta difícil imaginar que la vulnerabilidad aumenta exponencialmente cuanto mayor número de intersecciones atraviesen al individuo, como pueden ser la inmigración, una situación administrativa irregular, el trabajo sexual o tener una edad determinada (ser muy joven o muy mayor).

Más allá de un perfil concreto, que hasta cierto punto puede permitir ofrecer una panorámica del usuario medio, es relevante tener en cuenta que cualquier persona puede ser usuario o desarrollar un consumo problemático frente al chemsex.

2.1. ¿Qué lenguaje se utiliza en el chemsex?

> «Aquí, de chill.
> ¿Cuántos somos? *(Mira alrededor.)* Tres. O seis. O treinta y seis. *(Vuelve al móvil.)* Porno. Morbo. Vicio. Colocón. Buen rollo. ¿Rol? ¿Más fotos?»

El lenguaje es fundamental en nuestra vida para comunicarnos, transmitir lo que sentimos y expresar al mundo quiénes somos. Si el idioma es importante, aún lo es más para comunidades históricamente oprimidas, como la LGTBIAQ+, que ha creado una serie de códigos y palabras clave para comunicarse a plena luz del día sin que la norma fuera consciente de ello.

Con este propósito, en la década de los setenta se creó en San Francisco el sistema «hanky code» (código de pañuelos), que se hizo muy popular durante los años ochenta. A través de bandanas de colores se podía identificar a otro miembro de la comunidad gay en espacios públicos y conocer cuáles eran sus preferencias sexuales. Otro ejemplo lo encontramos en España durante los ochenta y noventa, cuando un inocente «¿entiendes?» era en realidad una frase en clave para saber si pertenecías al colectivo.

La jerga en el mundo del consumo de drogas, y también en la cultura del chemsex, es un elemento vital. En España resulta frecuente usar palabras como sesión, chill, guarrichill, colocón, lío o estar de lío. Aunque el término chill se sigue utilizando para describir un encuentro donde se practica el chemsex, tras el cierre del ocio nocturno durante la pandemia de COVID-19 se comenzaron a denominar chills a las fiestas en domicilios privados donde se consumían drogas pero no había sexo. Por ello se empezó a utilizar una nueva palabra, guarrichill, para especificar si las fiestas tenían un componente sexual. De este modo, y en teoría, si estamos en una fiesta privada donde hay consumo de drogas y donde puede darse algún encuentro sexual entre algunos de los invitados de manera discreta y a puerta cerrada (por ejemplo, en un dormitorio o un baño), estamos en un chill. Cuando hay práctica del chemsex y se pone el sexo en el centro de la fiesta, ya pasamos a estar en un guarrichill.

Hay conceptos en el ámbito del chemsex propios del universo del consumo de sustancias que es necesario conocer. Aquí van algunos de los más empleados y sus definiciones:

Pollo. Saquito de plástico de pequeñas proporciones, generalmente de color blanco o verde, que contiene cualquier tipo de droga en polvo o cristal. El pollo suele estar cerrado en la parte superior por un alambre similar al utilizado para cerrar las bolsas de pan de molde. Algunas personas lo interpretan como una unidad de medida de una droga determinada. Un pollo suele equivaler a un gramo de sustancia, aunque no necesariamente: por ejemplo, un pollo de MDMA puede contener dos gramos.

Paracaídas. También conocido como «paraca», es la bolsa del pollo una vez usada y sin alambre. Si te fijas por la calle, especialmente en el centro de la ciudad, podrás ver por el suelo paracaídas de plástico desplegados en forma circular, vestigio de drogas que han sido consumidas.

Comebolsas. Una persona que durante los chills consume la droga de los asistentes sin ofrecer la suya ni aportar cantidad económica. Vamos, un gorrón de toda la vida.

Punta. Cuando se dice «meterse una punta» o «puntazo», se hace referencia a esnifar una pequeña cantidad de droga usando una llave, la uña o pequeños utensilios como palas de metal, la tapa de un bolígrafo o la esquina de una tarjeta de plástico (por ejemplo, un abono de transporte).

Chuches o *tema.* Ambas palabras aluden a cualquier tipo de droga que se vaya a consumir en la sesión.

Pintar rayas. Preparar rayas para esnifar la sustancia que se va a consumir, habitualmente entre varias personas.

Booty bump. También conocido como «bumping». Disolución de droga en agua para ser introducida por vía rectal.

Chorro o *chorri.* Es la dosis de GHB/GBL, entendida como una varilla, aunque pueden ser más.

Doblar o *volcar de chorro.* Este concepto se utiliza cuando una persona sufre una sobredosis, generalmente de GHB/GBL, y pierde el conocimiento.

Chillero. Persona que practica chemsex y acude a chills. Suele usarse con una fuerte carga moral y estigmatizadora.

Dealer. Persona que vende las drogas, coloquialmente conocida como «camello».

Pincho. Administración de droga por vía intravenosa, también conocida como «slam».

En el enfoque sobre sustancias abordaré cuáles son las palabras coloquiales que hacen referencia a las drogas más populares del chemsex en España.

2.2. ¿Dónde se llevan a cabo los chills?

> «Necesitamos estar en ese ambiente.
> Rodeados de otros hombres. Carne mojada y calor suficiente.
> Duchas. Vapor. Lavativas. Bellas durmientes.
> Una experiencia... estupefaciente. Lo vivirás»

Las sesiones tienden a llevarse a cabo principalmente en el ámbito privado, en el domicilio de alguno de los asistentes, conocido como el anfitrión. También se puede practicar chemsex en locales de sexo o en saunas, incluso en zonas de *cruising*, aunque de manera más residual.

Según los datos analizados en España de la EMIS-2017, los espacios más frecuentes donde se consumieron drogas estimulantes y se mantuvieron encuentros sexuales en grupo fueron, en primer lugar, la casa de uno de los integrantes (46,9 %), seguido de la casa propia (21,5 %), club o cuarto oscuro (12,9 %) y sauna (12,5 %). En menor medida, hoteles (2,6 %), zonas de *cruising* (2,5 %) y otro lugar (1,1 %).

La tendencia de realizar los chills en el ámbito privado se vio fortalecida los meses en los que vivimos las restricciones por la pandemia (cierre de ocio nocturno, establecimiento de toques de queda...). Durante aquel tiempo, la única manera de conectar era, a menudo, establecer encuentros en domicilios. Por este motivo, entre otros, cuando las ciudades volvieron a la denominada «nueva normalidad», asistimos a un incremento y mayor visibilidad de personas interesadas en la práctica del chemsex a través de aplicaciones de contacto.

Que los chills se hagan en domicilios tiene dos características. La primera es que la capacidad de acceder a los espacios para sensibilizar e informar sobre la reducción de daños se ve limitada.[4] La segunda tiene que ver con la crisis de la vivienda en las grandes ciudades, cuya principal consecuencia es la dificultad para que alguien pueda alquilar un piso solo. Esto hace que muchas personas, especialmente jóvenes, tengan que compartir vivienda y no dispongan de un lugar donde llevar a cabo las sesiones, propiciándose que los usuarios de más edad o con mayor poder adquisitivo sean los que tengan la posibilidad de ser los anfitriones. También se alquilan pisos céntricos y amplios para su celebración.

2.3. ¿Qué personas practican el chemsex?

> «Soy este. El médico de la UCI que salva gente.
> Soy este. El panadero de tu barrio de mala muerte.
> Soy este. El candidato a presidente.
> O el ingeniero,
> o el que hace un boquete,
> o el que construye un puente»

Existe una gran diversidad entre los potenciales asistentes a un chill; y es que cualquier gay, bisexual, hombre que

4 A menos que se faciliten productos específicos diseñados para que permanezcan en las casas, como puede ser EducaChill, un folleto con información sobre sustancias, ITS, desarrollo de adicciones, consentimiento y recursos de apoyo en caso de precisar ayuda profesional.

tiene sexo con otros hombres, persona trans o no binaria puede practicar chemsex. Los hay jóvenes y mayores; solteros y emparejados; desempleados y en activo. Con profesiones de lo más variopintas, desde oficinistas hasta artistas o médicos. Y esto nos lleva a personas con mayor o menor poder adquisitivo y disponibilidad de tiempo libre.

Pero, a pesar de esta diversidad, sí es posible dibujar el retrato más frecuente de persona que practica chemsex en España. Este perfil[5] es el de un hombre gay con una edad comprendida entre los 25 y 44 años, nacido en España, con nivel educativo alto, laboralmente en activo y sin pareja estable. No hay que olvidar que, fuera de estos márgenes, se encuentran otras personas que, aunque tengan características menos habituales, son especialmente vulnerables. Estamos hablando, por ejemplo, de personas migrantes en situación administrativa irregular —muchas veces, atravesando el duelo migratorio, el desarraigo, la falta de redes de apoyo primarias o incluso el acceso al sistema sanitario—, personas trabajadoras del sexo, personas desempleadas —situación que puede ser disparadora de un aumento en el consumo y la práctica al no tener horarios o rutinas laborales— o también aquellas con edades más jóvenes o mayores.

2.4. ¿Cómo se contacta con más asistentes a los chills? La importancia de las apps

«Y se quitaron la ropa y nos pusimos a follar. Estuvo bien. Un vicio... un colocón... follando entre las luces

5 Íncera, D., Gámez, M., Ibarguchi, L., García, A., Zaro, I., Alonso, A. *Aproximación al Chemsex en España* (2021).

de los móviles que alumbraban las caras de los que estaban ahí»

Aunque el chemsex se puede practicar en locales de sexo y saunas, una parte muy importante del mismo se lleva a cabo, como ya hemos visto, a puerta cerrada en domicilios. Esto obliga al uso de apps de contacto para la búsqueda de *dealers*, de otros participantes o del sitio donde haya una sesión a la que se pueda ir. Aunque hay una gran variedad de aplicaciones de contacto (Wapo, Grindr, Scruff o MachoBB, dirigida a la comunidad *bareback*), todas ellas reúnen las siguientes características:

Geolocalización. Funcionan como un radar por GPS que permite ver quién está conectado a unos metros de ti. Además, si te desplazas y cambias de ubicación, la parrilla de perfiles se actualiza con aquellas personas que se encuentran en la misma ubicación que tú. Por ello, cuando nos movemos a otro barrio de la misma ciudad para hacer gestiones, encendemos Grindr para ver qué hombres están *online* por la zona. O cuando, por ejemplo, nos vamos de vacaciones o viajamos a otra ciudad.

Exposición. A diferencia de las aplicaciones de contacto más generalistas (como Tinder), en las apps gais no es necesario hacer previamente *match* para iniciar una conversación. Esto supone una exposición constante a que cualquier persona nos escriba (nos guste o no, nos apetezca o no) y el aumento de la posibilidad de sufrir situaciones de acoso al no tener opción de establecer un filtro previo.

Inmediatez. Estas herramientas te permiten interactuar con perfiles *online* desde el instante en el que enciendes la app. El ver a las personas que están conectadas en ese momento y la distancia a la que se hallan, alumbra la llama de la posibilidad. Esto hace que exista una cierta ansiedad, sin duda alimentada por la libido. Esta tendencia es tremendamente frustrante para todos los usuarios de las aplicaciones de contacto.

Intercambio de fotos, vídeos y audios. A través de conversaciones privadas con otros perfiles, las apps permiten el intercambio de fotografías y vídeos con la opción de que sean fugaces. Afortunadamente, desde hace un tiempo algunas aplicaciones han impedido que se puedan hacer capturas de pantalla de dicho material, preservando la intimidad de los usuarios. Otras aplicaciones también permiten el intercambio de audios e incluso hacer videollamadas. Este tipo de prestaciones son importantes para los usuarios de apps y, por lo tanto, en la cultura del chemsex.

Gratuitas. Todas las apps tienen unas prestaciones básicas gratuitas, pero ofrecen otras más exclusivas previo pago. Algunas de las limitaciones de las versiones gratuitas tienen que ver con el número de fotografías y vídeos fugaces que puedes enviar durante veinticuatro horas, el número de perfiles que puedes bloquear en un día o saber quién ha visto tu perfil.

2.5. ¿Qué violencias se pueden dar en las apps?

> «Yo no tengo nada con los mariquitas. Yo soy marica. Pero a mí me gustan masculinos. A ver, si tienes pluma, todo bien... pero bien lejos. Porque no me gustan las mujeres»

Aunque para muchos miembros de nuestra comunidad el uso de apps de contacto es algo cotidiano, esto no impide la existencia de diversas violencias. Estas manifestaciones comprenden situaciones de desventaja, vulnerabilidad, opresión y discriminación que pueden mostrarse de manera sutil o contundente. Dicha violencia suele ser tan cotidiana que, en muchas ocasiones, ni siquiera es percibida como tal y ahí reside su mayor riesgo: si no eres capaz de detectarla, jamás podrás defenderte de ella y, sobre todo, continuarás ejerciéndola sobre otras personas, en especial las más vulnerables. De este modo, podemos establecer dos tipos de violencias:

Violencia intracomunitaria

En este apartado vamos a analizar algunas violencias que reproducimos entre nosotros como usuarios de las apps y miembros de la comunidad, mayoritariamente compuesta por hombres cis gais.

Racismo y xenofobia. En nuestro país, es frecuente ver perfiles que rechazan a personas latinoamericanas, asiáticas o africanas. En lugar de enfatizar sus preferencias o decir lo que buscan, optan por manifestar su racismo. A menudo argumentan que solo se trata de preferencias sexuales, pero conviene no blanquear el racismo: frases como «no latinos» son una forma de opresión y violencia hacia las personas racializadas o cuya procedencia no es España. De nuevo, podemos aplicar el ejercicio de los espacios reales: si salimos de la app y vamos a una cafetería, ¿toleraríamos que una persona rechazara a otra argumentando su lugar de origen?

Edadismo. En la misma línea que el apartado anterior, es también habitual ver perfiles que advierten «no viejos» o tratan de alardear de ingenio a través del manido «abuelo ya tengo uno». Por supuesto que es lícito no sentir deseo hacia personas de mayor edad. Lo que no es tolerable es normalizar situaciones de discriminación o violencia hacia personas que también forman parte de la comunidad de usuarios de apps de contacto.

Gordofobia. En la cultura gay, el canon de belleza ensalza los cuerpos normativos, dotándolos de cierto poder y valía al ser objetos de deseo. Esta tendencia invisibiliza e incluso desprecia la diversidad corporal. Es frecuente ver comentarios relativos a «no gordos» o a la búsqueda de «solo cuerpos de gym». Ante esto, es crucial entender que una parte muy importante de nuestro deseo está condicionada por la educación sexual y la cultura en la que nos relacionamos. Crecer en una cultura que dicta que solo los cuerpos normativos son deseables nos llevará a vivir dando la espalda a la erótica de otras formas.

Serofobia. Aunque la PrEP (tratamiento preventivo frente al VIH del que hablaremos en el enfoque desde la sexualidad) ha tenido una gran influencia para mitigar el estigma del VIH, siguen existiendo personas que rechazan a otras por su estado serológico. Puede que no sea tan común ver este tipo de violencias de manera explícita en los perfiles, pero está patente a través de preguntas como «¿estás limpio?» o «¿estás sano?». Pregunta anacrónica cargada de prejuicios y estigma que merece una respuesta contundente: «Estoy más limpio que tú». Este estigma tiene que ver, la mayoría de las veces, con la homofobia que lleva a pensar que el sexo entre hombres tiene mayor probabilidad de transmisión de ITS o bien con la nosofobia de quien pregunta. Independientemente de esto, una persona con VIH en tratamiento, con carga viral indetectable y en seguimiento médico, es una persona sana.

Homofobia. La homofobia interiorizada es una realidad de nuestra cultura. Una señal de la misma es, sin duda, el refuerzo de expresiones de género que premian la masculinidad hegemónica frente a otras diversas expresiones y masculinidades. Es lo que vemos en los perfiles que indican «masc x masc»: hombres actuando como hombres, masculinos, hipersexualizados, sin pluma, destacando, por supuesto, el rol de activo y descalificando el de pasivo y las expresiones ligadas a la feminidad.

Exigencia. Haber sido educados en contextos homófobos, sumado a la influencia de un determinado tipo de porno, nos lleva a rechazar una parte de nuestra propia sexualidad, empujándonos a responder a unos estándares y exigencias muchas veces inalcanzables, más propios de la hipersexualización o del artificio que de la naturalidad intrínseca del deseo, el placer o el sexo. Esta exigencia supone una presión adicional, al sentir que se debe cumplir con las expectativas del otro, elevando el rendimiento sexual a un nivel distorsionado y utópico, con penes descomunales firmes como el acero que permanecen duros a lo largo de las horas, eyaculaciones abundantes y una capacidad de dilatación anal nunca vista. Esto, además, favorece cierta deshumanización del sexo, borrando toda naturalidad y fomentando bloqueos mentales y sentimientos de fracaso. Esta presión nos la imponemos a nosotros mismos, y también a los demás, para tratar de cumplir con roles sexuales que se consideran deseables. La exigencia y la inmediatez que rigen la cultura de las apps de contacto gay son el origen de gran parte de la frustración experimentada por los usuarios.

Insistencia. A menudo, la exposición en estas aplicaciones desemboca en situaciones desagradables e incluso violentas cuando, por ejemplo, una persona no ceja en su empeño de hablar con nosotros aunque no haya una respuesta o incluso habiendo establecido un límite claro al indicar que no deseamos que continúe haciéndolo. Es importante señalar que podrá ser más o menos elegante optar por no responder los mensajes de personas que no nos atraen, pero lo que debemos entender es que la insistencia es violencia. ¿Cómo nos sentiríamos si esa conducta sucediera en la vida real, por ejemplo, en un local al que somos asiduos? La insistencia es un tipo de acoso; es importante que lo tengamos presente para tratar de erradicar estos comportamientos.

Violencia extracomunitaria

Aquí se incluyen aquellas violencias a las que nos enfrentamos como usuarios de las apps, pero que no están provocadas por nosotros mismos:

Desprotección como usuarios. A menudo, si queremos una mayor protección y seguridad nos vemos obligados a pagar para lograr más prestaciones, como no tener límite en el envío fugaz de imágenes íntimas, bloquear a las personas que nos acosan o con las que no queremos interactuar, o eliminar fotos o vídeos que hemos compartido. Algunas apps tienen graves fugas de seguridad para los usuarios que sufren acoso. Por ejemplo, la opción de eliminar perfil, que hace que si la persona a quien has bloqueado suprime su perfil, pueda crearse uno nuevo de manera instantánea con el mismo correo electrónico, desbloqueando así todos los perfiles que previamente lo cancelaron; o la necesidad de tener que pagar para borrar contenido que has compartido en una conversación, aunque hayas bloqueado a esa persona. Además de revisar estos escenarios, las empresas gestoras de las aplicaciones deberían mejorar la atención a las víctimas de acoso o abusos, ya que es frecuente no recibir respuesta o asistencia adecuada.

Violencia física y robos. Para mí es vital comenzar diciendo que estas circunstancias de abuso y extrema violencia no son propiciadas en ningún caso por el uso de las aplicaciones o nuestra forma de relacionarnos (sexo anónimo). La violencia la infligen aquellos delincuentes que se esconden en las mismas para cometer robos, agresiones físicas e incluso homicidios. En los últimos años han saltado a los medios varios casos de bandas organizadas que han hecho uso de apps para buscar víctimas a quienes robar y agredir, tanto física como verbalmente.

A pesar de que el mal nos rodea, conviene no ceder el control de nuestra vida al miedo. Ser conscientes de nuestra vulnerabilidad puede ser una oportunidad para reflexionar y aprender acerca de cómo podemos protegernos ante posibles amenazas. A continuación, abordaremos una serie de medidas de seguridad para usuarios de apps de contacto, sea para la práctica de chemsex o no. Por favor, compártelas para cuidarnos y para hacer de estos entornos espacios más seguros:

Protege tu seguridad. La primera regla de oro es no facilitar información personal de inmediato (número de teléfono, dirección de casa o similar). Envía fotografías que no den muchos detalles sobre dónde vives y si son imágenes íntimas, trata de que sean efímeras. Cuantos más datos ofrezcas en tu perfil, más expuesto estarás: no es cuestión de ocultar información al mundo, se trata de una medida de protección personal.

Verifica. Tras un tiempo en el uso de aplicaciones sabrás detectar cuándo un perfil es potencialmente falso. Fotos muy antiguas o perfectas, e información nula tanto en el perfil como en la posterior conversación suelen ser algunas señales que nos hagan sospechar. Puedes pedir una videollamada para confirmar si la persona que está detrás del perfil es quien dice ser o también solicitarle alguna otra de sus redes sociales para verificar su identidad.

Espacios más seguros. Es más seguro quedar por primera vez en espacios públicos o en algún bar, aunque si se desea mantener sexo anónimo, este paso previo tiende a obviarse. Una medida de protección es comunicar a alguien de confianza que vas a tener una cita, el lugar y la hora, y enviar la ubicación en tiempo real. Además de controlar el medio de transporte en el que has ido, es preferible desplazarte usando aquellos que te permitan regresar cuando lo desees. También es aconsejable tener siempre la batería de tu móvil cargada y contar con el teléfono de algún taxi entre tus contactos. Si vas a quedar con un desconocido en tu casa, guarda en un cajón las llaves y esconde el dinero, las tarjetas de crédito y cualquier cosa de valor.

Controla tu bebida. A menudo, confiamos en la bondad de los desconocidos y por lo general no nos va mal. Pero una medida de protección básica es no beber nada que no hayamos visto que se abra o se sirva en nuestra presencia, así como supervisar nuestra bebida y, en el caso de que empecemos a sentirnos indispuestos, comunicarnos rápidamente con alguien de confianza, enviar ubicación en tiempo real y si nos hallamos en casa de otra persona, tratar de salir de ahí. Si estamos en nuestro domicilio y los síntomas nos hacen sospechar que nos han intoxicado con GHB/GBL (los detallaremos en el apartado sobre sustancias), llama al 112 (número de emergencia único en la Unión Europea).

Función S.O.S de tu smartphone. Activar esta función puede salvarte la vida en una situación de peligro. Permite enviar un aviso discreto y silencioso a las autoridades, iniciar una llamada para que escuchen lo que sucede y compartir automáticamente tu ubicación tanto con las autoridades como con tus contactos de emergencia.

Hablemos del consentimiento. Tanto en la conversación que mantengamos en las apps como en persona, es importante hablar sobre nuestros deseos y límites, expresar con claridad lo que queremos, lo que nos gustaría experimentar durante un encuentro sexual y las medidas de prevención que queremos utilizar (o no). No sientas presión por hacer algo que no desees. Además, conviene recordar que tienes todo el derecho a detener cualquier práctica iniciada y poner fin al encuentro en todo momento.

Escucha tu intuición. Si sientes inseguridad o incomodidad, no tienes por qué prolongar la cita ni existe razón alguna para continuar con un encuentro sexual. Si sientes tensión y las tripas te dicen que estás ante una amenaza, confía en tu intuición y sal de ahí. Si estás en tu casa, puedes contactar con alguien de confianza para que te llame por teléfono y decirle a la persona que la cita debe terminar y que se marche.

2.6. ¿Hay un estigma ligado al chemsex?

> «¿Sabes cómo tengo que lidiar con mis demonios para no sentirme mal o culpable cuando vuelvo a casa después de estar de fiesta? ¿Cómo tengo que acallar esas voces que me dicen "eres una cerda", "eres una drogadicta" o "para esto has venido a Madrid"?»

Partimos de que toda práctica o rasgo identitario desarrollado por la comunidad LGTBIAQ+ carga con un estigma. Nuestra existencia como individuos políticos está cuestionada por la norma y, por lo tanto, castigada con un estigma. Nuestra forma de amar, la expresión del género o nuestra manera de entender el sexo, el hedonismo y el placer como respuesta subversiva también lo están. En este sentido, la sociedad señala el consumo de drogas como algo reprobable, en especial si se hace un uso sexualizado de las mismas. De este modo, el estigma asociado al chemsex es una amalgama de estigmas, una fusión de múltiples prejuicios.

Un usuario de chemsex puede reunir las siguientes realidades estigmatizadas: no ser heterosexual, mantener sexo anónimo y sin compromiso, emplear sustancias de forma sexualizada, tener sexo sin preservativo, hacer *slam* y tener diversas prácticas *kink*. Si la sociedad señala el consumo de sustancias, hace lo propio con la esfera sexual, sobre todo si esta no tiene fines reproductivos y se escapa de lo moralmente aceptable.

A todas estas realidades hay que añadir la salud mental, que es una de las grandes damnificadas ante un consumo problemático en el chemsex. También se puede sumar el estigma que portan las personas migrantes, racializadas o aquellas que tienen cuerpos no normativos. Todo esto dificulta, a menudo, que las personas soliciten ayuda en caso de necesitarla por miedo a ser rechazadas o juzgadas, ya que socialmente se sigue considerando que se hallan en el lado incorrecto del camino, más allá de la frontera del vicio, y que, si se encuentran ahí, ha sido porque así lo han querido —aunque este razonamiento sea simplista, sigue muy arraigado en la sociedad—.

Este tipo de estigmas es un gran obstáculo para ofrecer respuestas tanto para la prevención como para la reducción de daños. Por este motivo, si no queremos perpetuar estos prejuicios y sus consecuencias, cuando abordemos la realidad del chemsex, conviene hacerlo de una manera respetuosa y libre de juicios de valor.

2.7. ¿Cómo se performa el chemsex?

«Porno, música y a ver quién viene»

Aunque es una palabra que todavía no ha sido reconocida por la RAE, por «performar» entendemos el acto por el que nos manifestamos y nos presentamos ante la mirada de los demás. En el caso del chemsex, hace referencia a cómo se expresa estéticamente y qué elementos visuales entran en juego en la erótica de los chills.

A pesar de la persecución histórica de la comunidad LGTBIAQ+ y de algunas de sus consecuencias directas, como la clandestinidad y la falta de referentes, hemos sabido crear algunos símbolos homoeróticos que permanecen en nuestro imaginario, como la figura de san Sebastián con su torso desnudo, los icónicos hombres de Tom of Finland o los uniformados Village People.

Aunque la presentación y estética del chill depende mucho del organizador —no es lo mismo alquilar un chalet de doce habitaciones que hacerlo en un piso de veintisiete metros cuadrados en Lavapiés—, hay una serie de elementos comunes en su performatividad. Por un lado, los espacios suelen adaptarse para facilitar los encuentros sexuales en los cuartos más amplios, o al menos el epicentro de las sesiones tiende a estar ubicado en el salón. Colchones en el suelo, luces LED, espejos, televisión para la emisión de porno y el uso de mesas de centro para tener a mano las drogas —u otros utensilios como consoladores, teléfonos móviles, bebidas, etc.— son algunos de los elementos comunes en la mayoría de los chills.

Algunos asistentes también se performan para la ejecución del chemsex, con una evidente influencia del fetichismo y de la estética BDSM (arneses, brazaletes y *cock rings* de cuero y su modalidad más deportiva). La estética del deporte también está presente en el uso de suspensorios o calcetines altos. Dentro del denominado «cum dump» (depósito de corridas; práctica que consiste en recibir múltiples eyaculaciones dentro), se anota con rotulador el número de hombres que han eyaculado. Este recuento se puede hacer tanto en la piel del receptor (yegua) como en el elástico del suspensorio. También pueden escribirse palabras que hacen relación al «uso público» e indiscriminado de la persona penetrada.

Esta performatividad no solo está en las sesiones y en la práctica del chemsex, sino también en el uso de aplicaciones de contacto, en locales de sexo, en saunas y en el imaginario de la cultura gay en general. Hay dos pilares importantes que serán relevantes en el chemsex:

Masculinidad hegemónica y homofobia

Este concepto, creado en la década de los ochenta por la socióloga australiana Raewyn Connell, establece cuál es el modelo de masculinidad imperante en la sociedad occidental —al que todo hombre debe responder—; modelo que, al mismo tiempo, invisibiliza, devalúa y castiga la expresión de otras masculinidades disidentes. Entre los rasgos de la masculinidad hegemónica que podemos identificar en nuestra comunidad, se halla la dominación, que hace referencia a ese ideal de hombre que se sitúa de manera automática en la cúspide de la pirámide de poder, oprimiendo a todo lo que está por debajo, en especial a las mujeres y a todo lo que tenga que ver con lo femenino. Las formas de masculinidad que se consideran femeninas son interpretadas como débiles, un atentado a la hombría.

Ya desde la infancia se nos ha impuesto la masculinidad hegemónica y su férreo ideal de lo que es un hombre de verdad. Nos han dictado cómo tenemos que hablar, qué tono de voz debemos tener, cómo debemos sentarnos o cómo esconder nuestra pluma. También se nos ha dicho que los hombres no lloran y que siempre resuelven los conflictos con violencia. Los hombres no tienen expresiones de género femenino, no se visten con colores de fantasía, estampados o faldas. Los hombres no usan maquillaje ni se pintan las uñas. Y, por supuesto, los hombres no pueden obtener placer a través de su culo. El peor ataque a la masculinidad hegemónica es que otro hombre desafíe lo establecido para abrazar cualquier característica que se interprete como femenina. Por ello, uno de los mayores atentados contra el modelo hegemónico es la homosexualidad masculina, sobre todo si la sociedad puede leerla como tal.

De aquí emana esa violencia virulenta e irracional que la masculinidad hegemónica ejerce sobre la figura del maricón, es decir, la homofobia. De este modo, al maricón se le señala para la burla, caricaturizándolo con el fin de prevenir cualquier conducta que pueda ser tachada de homosexual o de tolerancia hacia el mismo. La violencia de este modelo pone en la diana al maricón y se instrumentaliza mediante este insulto a la hombría, hasta el punto de entender que un gay es un hombre devaluado del cual conviene protegerse.

Puede que este modelo interprete que los hombres gais nos comportamos con los hombres heterosexuales (hegemónicos) como ellos, a veces, lo hacen con las mujeres, y por ello sienten que deben defenderse de nosotros a toda costa. Vamos a ver algunos ejemplos que reproducen este modelo hegemónico de masculinidad en nuestra cultura y que seguro te resultarán familiares si haces uso de aplicaciones de contacto:

Masc x masc. Esta declaración de principios no solo refuerza el propio ideal de hombre masculino, sino que además instrumentaliza la segregación, puesto que un hombre de verdad no se relaciona con disidencias masculinas. Un hombre no solo debe aparentar masculinidad, sino performarla. De este modo, muchos hombres impostan por ejemplo la voz haciéndola más grave cuando envían audios a través de apps o dejan patente su desagrado ante el concepto de marica.

Vida hetero. Cuando leo esto siento un impulso irrefrenable de contestar que no hay nada más hetero para un hombre que tener sexo con otros hombres. Este planteamiento tiene la misma naturaleza que el anterior y siempre me recuerda a la escena de Torrente en la que propone a su compañero hacerse unas pajillas, «pero sin mariconadas». Esta expresión nos previene acerca de hombres que puede que no asistan a las manifestaciones por los derechos civiles de la comunidad LGTBIAQ+, que no vayan a locales de ocio comunitarios o a saunas, que quizás no tengan pluma y que respondan a todos los requisitos que el modelo hegemónico les dicta para ser considerados como hombres de verdad.

Menudo activo estás hecho. En ocasiones, se otorga una categoría de dominación y privilegio al rol activo en las relaciones anales; hasta tal punto se idealiza este rol que se espera que se comporte como si de un hombre heterosexual se tratara. Es decir, el único pene que puede existir en el encuentro sexual es el del activo. Bajo este paraguas, un activo jamás estimula el pene de otro hombre, ni siquiera oralmente. El activo de verdad es aquel que penetra oral y analmente a otro hombre. Todos los que estén fuera de este modelo no serían, por lo tanto, deseables.

La homofobia producida por este sistema genera graves problemas a lo largo del desarrollo del individuo. La homofobia interiorizada supone que un miembro de la comunidad compre los prejuicios hacia su propia identidad y naturaleza, generando creencias y actitudes de rechazo hacia su esencia y desencadenando un grave malestar y conflicto interno.

Normatividad corporal

Del modelo de masculinidad hegemónica se deriva también una fuerte presión por la normatividad corporal. Y aunque el canon de belleza masculina siempre ha sido más laxo que el femenino, en las últimas décadas el sistema capitalista ha puesto al hombre en la diana publicitaria, contemplándolo como un potencial consumidor.

En la cultura gay, el cuerpo masculino desempeña un papel fundamental, y aunque hay una amplia diversidad de tribus y subculturas, el peso de la normatividad corporal es evidente. Este modelo dicta que los hombres altos, grandes, musculados y, a menudo, de pecho peludo son los más deseados. Este es el cuerpo masculino que aparece tanto en la publicidad de las principales fiestas dirigidas a la comunidad como en un sinfín de productos destinados a los hombres gais, desde artículos de cosmética hasta juguetes eróticos y ropa. Y, por supuesto, también en el porno, o al menos en el *mainstream*, aunque es cierto que el auge del porno *amateur* a través de redes sociales como X y OnlyFans apuesta por una mayor diversidad corporal.

La presión por los cuerpos «perfectos» ejerce un gran impacto en nuestra salud mental, en nuestra autoestima y en la imagen que tenemos de nosotros mismos. Si a esta presión le sumamos la hipersexualización imperante en la comunidad, podremos hacernos una idea del malestar emocional y la deficiente relación con nuestro propio cuerpo que podemos llegar a tener muchos de nosotros. Sin duda, esta es otra grave consecuencia de la falta de educación sexual en el colectivo.

2.8. ¿Cuáles son las principales motivaciones para la práctica del chemsex?

> «A veces pienso que me gusta tanto la fiesta porque quiero ser joven para siempre»

En nuestra cultura, el sexo y el consumo de drogas se asocian con frecuencia con una esfera recreativa y lúdica. Es por esto que, *a priori*, no resulta descabellado pensar que la principal motivación de la práctica del chemsex sea el aumentar la intensidad del placer. Sin embargo, hay otras razones que inciden en la misma.

En el estudio más reciente llevado a cabo por Imagina MÁS y Apoyo Positivo,[6] se detalló que algunas de las principales motivaciones eran el deseo de hacer los encuentros sexuales más placenteros (72,5 %), aumentar la resistencia física para prolongar dichos encuentros (41,3 %), ganar autoconfianza en las prácticas sexuales (34,0 %), evadirse de los problemas (29,3 %), facilitar prácticas que, de otro modo, podrían resultar dolorosas (17,4 %), sentirse integrado dentro de un grupo (12,4 %), no sentirse solo (7,1 %), vía para no dar explicaciones sobre el estado serológico (5,1 %) y otros motivos (7,3 %).

Casi un tercio de los encuestados refirió practicar chemsex para aumentar la confianza durante los encuentros sexuales. Esto apunta a que el chemsex puede suponer un alivio de las tensiones provocadas por el estigma asociado

6 *Ibid.*

al placer, a la homosexualidad, a la masculinidad hegemónica o a determinadas prácticas sexuales (ser pasivo, *fisting* o *cum dump,* entre otras muchas). Las normas sociales, que establecen lo que es moral, en ocasiones desautorizan deseos naturales y disidentes, haciendo que los individuos carezcan de las herramientas necesarias para afrontar ciertas situaciones mediante una adecuada gestión emocional. De esta forma, se les arrebata la posibilidad de vivir su sexualidad de manera más consciente sin requerir del consumo de sustancias.

Por ello, cuando nos enfrentamos al consumo problemático del chemsex, como al de cualquier otra sustancia, conviene profundizar antes de emitir juicios precipitados, ya que, a menudo, las adicciones no solo tienen que ver con las drogas, sino con el dolor, la soledad o la incapacidad de afrontar acontecimientos traumáticos. Sin dejar a un lado el poder adictivo de las drogas, gran parte del consumo problemático viene precipitado por una herida y por la intención de sanarla a través del efecto anestésico de las drogas. Una vez más, se pone de manifiesto que facilitar herramientas para el autoconocimiento y la gestión emocional resulta vital para la comunidad LGTBIAQ+ si se desea establecer líneas de prevención del consumo problemático de chemsex.

3. Enfoque de las sustancias

Las drogas son una parte tan relevante del chemsex que hasta conforman su nombre. Como hemos mencionado, a lo largo de la historia la humanidad las ha empleado para potenciar el deseo y el placer con el objetivo de alcanzar una mayor desinhibición o para aumentar la sensación de fusión con otros cuerpos. Los chills no escapan de esta realidad, convirtiéndose en el epicentro de un determinado uso sexualizado de sustancias entre una población muy específica.

Hay una amplia oferta de sustancias que son consumidas en las sesiones. Algunas ya son ampliamente conocidas, como el alcohol o la cocaína, mientras que otras son denominadas drogas emergentes o nuevas sustancias psicoactivas (mefedrona, metanfetamina o GHB/GBL, por ejemplo). Aunque en los primeros años algunas voces establecían que el chemsex se ceñía al uso de drogas emergentes, en la actualidad sabemos que abarca todo tipo de sustancias.

Algunas de estas nuevas drogas tienen como finalidad el aumento del morbo, el deseo y las sensaciones placenteras en los encuentros sexuales, además de potenciar la autoconfianza y la capacidad de conectar con el otro. Pero también pueden tener efectos no deseados; interacciones producidas bien por su administración conjunta o en combinación, por ejemplo, con determinados tratamientos antirretrovirales, psicofármacos o medicación para la disfunción eréctil. Además, algunas tienen un alto potencial adictivo (como la metanfetamina) y, en otros casos, el margen que separa los efectos deseados de los adversos es muy estrecho (como pasa con el GHB/GBL).

Este capítulo abordará todo lo relacionado con las drogas más utilizadas en el chemsex en España, detallando sus potenciales efectos y qué impacto pueden tener en la salud física, emocional y social del individuo. Este enfoque se encuentra bajo el marco de la reducción de riesgos y daños en personas que consumen sustancias y practican chemsex.

Es importante partir de la premisa de que siempre habrá personas adultas que decidan consumir sustancias o practicar sexo sin métodos barrera, aunque esto exponga su salud o pueda resultar abyecto para algunos sectores de la sociedad. Solo desde esa perspectiva se podrán diseñar respuestas y medidas destinadas a minimizar el impacto negativo que puede tener el consumo de drogas o las prácticas con probabilidad de transmisión de ITS.

Aunque las políticas de reducción de daños no son nuevas —se llevan implementando desde la década de los ochenta—, hoy en día, en plena era de las redes sociales, están siendo objeto de polémica entre voces radicales del sector conservador y de la extrema derecha. Vivimos una realidad agitada donde parece que todo el mundo tiene que opinar sobre todo, aunque apenas tenga conocimiento de nada. Quizá por ello hemos vuelto a escuchar cómo algunos juzgan actuaciones dirigidas a personas que usan drogas como una apología del consumo. No hablar de drogas no evita que los jóvenes las consuman, solo aumenta su vulnerabilidad al existir más desconocimiento en torno a ellas.

Obstaculizar que se hable sobre sexualidad en entornos educativos o que se promocionen medidas de prevención como métodos barrera o la PrEP no significa promover el sexo, sino apostar por la salud sexual de las personas. Cuando hablamos de salud conviene desterrar cualquier interpretación moral que imponga una sola forma de entender el mundo.

Aunque la reducción de riesgos y daños tiene como objetivo prevenir o mitigar las consecuencias negativas del consumo de sustancias, actúa en momentos distintos de dicho proceso. Las estrategias diseñadas para la reducción de riesgos integran aquellas medidas dirigidas a prevenir los daños que pueden aparecer ante el consumo: entre otras, la información relativa a las drogas, cómo prevenir sobredosis, los servicios para analizar las sustancias o información específica sobre técnicas de inyección. Las acciones para la reducción de daños se despliegan cuando estos se están desarrollando y buscan mitigar las consecuencias negativas que pueden aparecer: por ejemplo, cómo actuar cuando alguien del chill se ha intoxicado o facilitar puntos de intercambio de jeringuillas.

No toda práctica de chemsex tiene que conllevar un consumo problemático o el desarrollo de adicciones, en especial cuando es algo puntual (uso recreativo). Sin embargo, el hecho de hacerlo de manera sostenida y continuada aumenta la vulnerabilidad frente a problemas relacionados con la salud (física, mental y social) de la persona, pudiendo desencadenar un trastorno por consumo de sustancias. Esta vulnerabilidad puede verse influida por antecedentes familiares o personales, situaciones traumáticas y otros determinantes sociales.

Afrontar experiencias dolorosas no resueltas a través del chemsex es algo muy común entre las personas con consumos problemáticos. Cuando nos aproximamos al chemsex, además de la potencial adicción a las sustancias, conviene contemplar también adicciones comportamentales, como, por ejemplo, el uso de apps de ligue o la búsqueda compulsiva de sexo. Estas realidades se retroalimentan hasta consolidar lo que se conoce como «adicciones cruzadas o múltiples», que ponen de relieve lo vital de un enfoque multidisciplinar al abordar estos casos.

En definitiva, este capítulo pretende servir de ayuda para mejorar la salud de las personas, además de ser un llamamiento hacia la hermandad comunitaria para ser agentes activos en el cuidado propio y de los demás.

3.1. ¿Qué drogas son las más usadas en el chemsex?

Por lo general, en las sesiones se da un policonsumo, es decir, el uso de diferentes drogas a lo largo de un tiempo determinado. Como no todas las sustancias tienen los mismos efectos, se tienden a combinar para regularlos o potenciarlos.

Según la Organización Mundial de la Salud (OMS), las drogas se clasifican en siete grupos principales en función de los efectos que producen: estimulantes, empatógenas, psicodélicas, disociativas, depresoras, opioides y cannabinoides. Existe un sistema muy visual de clasificación conocido como «la rueda de las drogas» que te invito a conocer. Aunque esta tipología parece simple, una sustancia puede compartir características con otras familias; por ejemplo, estimular el sistema nervioso central y al mismo tiempo promover la empatía con el entorno. En estos casos, la sustancia será categorizada según sus características primarias o principales. Además, para hacer aún más compleja la división, también existen sustancias que son el resultado de la combinación de diversas drogas que pueden pertenecer a distintas categorías, como el tusi, que contiene ketamina, MDMA y cafeína.

Como ya comentamos, aunque durante los primeros años de la implantación del chemsex algunos expertos reducían la práctica a una serie de sustancias emergentes, hoy sabemos que puede integrar el uso de estas con otras diferentes. Atendiendo a los datos de uno de los estudios descriptivos sobre chemsex más recientes realizados en España,[7] las sustancias más consumidas en sesiones son el alcohol (85,9 %), popper (78,7 %), mefedrona (67,0 %), GHB/GBL (65,8 %), fármacos para la disfunción eréctil (65,8 %), cocaína (53,9 %), éxtasis (51,9 %), metanfetamina (43,4 %), ketamina (40,2 %), hachís/marihuana (37,9 %), LSD (11,3 %), setas (6,9 %), heroína (0,8 %) y burundanga (0,3 %). Un 4,7 % afirmó consumir otras sustancias que no aparecían reflejadas en el cuestionario, entre ellas el tusi o 2-CB (0,9 %), el alfa-PVP (0,3 %) y el cloruro de etilo (0,35 %). Es muy importante prestar atención al alcohol, ya que es un disparador hacia el consumo de drogas estimulantes.

A continuación vamos a conocer un poco más acerca de cada grupo de las sustancias más utilizadas en los chills según la categoría a la que pertenecen. Esta información

7 *Ibid.*

la podéis encontrar más detallada en la página web de Energy Control, un programa para la reducción de daños fundado en Barcelona en 1977 dentro de la Asociación Bienestar y Desarrollo.

3.1.1. Drogas estimulantes

> «La Mefe es una sensación de bienestar. Una explosión de serotonina en la mente, por lo que todo lo que te propongan te vendrá bien. Estés donde estés, te pones una raya y todo te parecerá bien»

Son sustancias que activan el sistema nervioso central, aumentando los niveles de neurotransmisores como la dopamina y la norepinefrina, proporcionando euforia, estimulación, sensación de energía, incremento de la confianza, excitación sexual y sentimientos de empatía. Dentro de esta categoría se encuentran las siguientes sustancias; aunque puedan compartir características con otras familias de drogas como las empatógenas, se hallan mayoritariamente en este grupo:

Mefedrona

Pertenece a la familia de las catinonas sintéticas. Es muy utilizada en el chemsex, pero su uso recreativo ha aumentado en los últimos años. El padre de la mefedrona es el químico español Jesús Sáenz de Buruaga, que la sintetizó en 1929 mediante *Catha edulis*, un arbusto de origen africano. La mefedrona, en su composición original (4-MMC), se popularizó inicialmente en algunos países europeos debido al desabastecimiento de MDMA. En España se la conoce como mefe, aunque en la calle se la venía denominando «sales de baño», ya que al inicio era distribuida legalmente como fertilizante para plantas.

La mefe fue fiscalizada en 2011 y, desde entonces, tiende a ver modificada su composición para burlar las leyes que prohíben su venta. De este modo, su composición ha pasado por 3-MMC, 3-CMC, 4-CMC y 2-CMC. Esta constante modificación —y cierto vacío legal al lograr eludir la fiscalización— permite, por ejemplo, que se pueda adquirir en determinadas webs de Europa que no se responsabilizan si la sustancia está prohibida en el país de destino.

Presentación. Cristales o polvo de un color transparente o ligeramente amarillento.

Vías de administración. Oral, esnifada, intravenosa (*slam*) y rectal (*bumping*).

Duración. Por vía nasal (la más utilizada), entre tres y seis horas (entre la subida y el regreso al estado de inicio).

Efectos deseados:

-Aumento de energía y estimulación.
-Aumento del deseo sexual.
-Aumento de la locuacidad y la sociabilidad.
-Euforia y sensación de empatía hacia el entorno.
-Potencia la percepción (auditiva y visual).

Efectos adversos:

-Aumento de la temperatura corporal y sudor.
-Aumento de la frecuencia cardíaca y respiratoria.
-Aumento de la presión arterial.
-Tensión mandibular.
-Dificulta la erección.
-Irritación en la nariz (cuando es esnifada).

-Dolor de cabeza.
-Náuseas y vómitos.
-Ansiedad.
-Dependencia.

Otros efectos adversos menos frecuentes pero más graves:

-Síntomas psicóticos.
-Convulsiones, distonías (movimientos musculares involuntarios).
-Toxicidad cardíaca, hepática, renal.
-Muerte súbita.

Advertencias. Consumir de manera simultánea varias drogas estimulantes puede favorecer la aparición de efectos adversos, produciendo una sobreestimulación o sobredosis de estimulantes. El consumo reiterado de esta sustancia puede producir trastornos del ánimo como ansiedad y depresión, ideas de muerte y alteraciones de memoria y concentración.

Para reducir los riesgos ante el consumo:

-Pesa en una balanza digital para comprobar la cantidad de la dosis que vas a consumir. Aunque tengas experiencia, trata de empezar con dosis bajas, ya que un lote de mefedrona puede variar respecto a otro. Trata de espaciar su administración para evitar la sobreestimulación.
-Planifica tu sesión estableciendo límites, la cantidad de dinero que vas a invertir e incluso a la hora a la que vas a dar por terminada la fiesta.
-Evita la mezcla con otras sustancias.
-Si consumes, hazlo en espacios de confianza.
-Bebe agua para mantener una adecuada hidratación.
-Mejor por vía oral que esnifada o intravenosa.

-No compartir «turulo» o jeringuilla.
-Si alguien sufre una sobredosis, no lo abandones.
-Llama al 112 si es necesario.

Metanfetamina

«La Tina te da como un superpoder.
Tu corazón late fuerte y tu mente se pone a correr.
Y de dormir... ni hablar»

Pertenece a la familia de las anfetaminas y popularmente recibe el nombre de tina, *meth* o *crystal meth*. Esta sustancia, la más mediática en los últimos años hasta la llegada del fentanilo a Estados Unidos, se popularizó gracias al éxito de la serie *Breaking Bad*, en la que un profesor de química, desahuciado tras recibir un diagnóstico de cáncer de pulmón inoperable, decide cocinar y vender metanfetamina tanto para afrontar el pago de las facturas médicas como para asegurar el futuro económico de su familia.

Fue utilizada de manera legal durante la Segunda Guerra Mundial para mantener a los soldados despiertos. A medida que aumentaba el abuso masivo, se comenzó a fiscalizar, catalogándola como sustancia ilegal en Europa en la década de los sesenta y setenta. En España ha originado especial alerta en las instituciones sanitarias debido a su elevado potencial adictivo y al fuerte impacto en la salud mental de los consumidores.

Presentación. Generalmente en polvo o cristales de color blancuzco sin olor particular pero con un sabor notablemente amargo.

Vías de administración. Oral, esnifada, fumada, intravenosa (*slam*) y rectal (*bumping*).

Duración. Dependerá de variables como la dosis o la vía de administración. Por vía oral, la bajada puede prolongarse hasta veinticuatro horas. La administración por vía nasal tiene una duración que oscila entre las dos y las cuatro horas. Si se fuma, dura unas tres horas. Es importante señalar que la metanfetamina genera una rápida tolerancia, teniendo que aumentar las dosis para alcanzar los mismos efectos. El riesgo de dependencia es alto.

Efectos deseados:

-Aumento de la energía y la estimulación.
-Aumento del deseo sexual.
-Aumento del nivel de alerta.
-Aumento de la desinhibición.
-Euforia.
-Potencia el rendimiento intelectual.

Efectos adversos:

-Pérdida de sensación de hambre.
-Sequedad bucal.
-Aumento de la frecuencia cardíaca y respiratoria.
-Hipertermia.
-Dificulta la erección.
-Sudoración.
-Dolor de cabeza.
-Dolor en el pecho.
-Dificultad para orinar.
-Dificultad para respirar.
-Mandibuleo.
-Insomnio.
-Aumento de la presión arterial.

Otros efectos adversos menos frecuentes pero más graves:

- -Psicosis tóxica, caracterizada por episodios transitorios de paranoia y alucinaciones. Estos pueden durar horas, incluso más de un día, y pueden verse afectados por la privación de sueño y descanso adecuados, la falta de hidratación y la falta de alimentos ingeridos. Aquellas personas que tengan una condición de salud mental o antecedentes familiares son especialmente vulnerables.

Advertencias. Conviene evitar su consumo combinado con otras sustancias estimulantes para prevenir casos de sobreestimulación (sobredosis) y prestar especial atención al consumo entre personas con VIH cuyos tratamientos antirretrovirales contengan potenciadores farmacológicos como ritonavir y cobicistat, ya que pueden aumentar los niveles de metanfetamina en sangre y, por tanto, su toxicidad. Si tienes VIH, conviene que tu profesional de referencia en la Unidad de Enfermedades Infecciosas del hospital sepa qué pautas de consumo sigues para recetar el tratamiento que mejor se ajuste a tus necesidades. Si tienes alguna condición de salud mental o alguna enfermedad cardiovascular (o si cuentas con antecedentes familiares), el consumo de tina puede ser muy arriesgado.

Para reducir los riesgos ante el consumo:

- -Es importante tratar de medir la dosis adecuada, evitar aquellas muy grandes y distanciar el consumo entre las mismas para eludir una sobreestimulación.
- -Marca tu propio ritmo. Se recomienda comenzar con dosis pequeñas que permitan conocer la potencia de la sustancia y los efectos en el organismo.

-Pon un límite inicial sobre qué cantidad de metanfetamina vas a tomar, la vía por la cual te la vas a administrar, qué cantidad de dinero vas a invertir y a qué hora vas a terminar la fiesta.
-Espacia las ocasiones en las que la consumes. Tiene un alto potencial adictivo.
-Bebe agua o zumos, trata de ponerte alarmas en el móvil para hidratarte y comer algún alimento ligero.
-Mejor por vía oral que esnifada o inyectada.
-Si la fumas, la pipa de cristal puede causar quemaduras en los labios o la piel. Carga tú mismo la pipa y evita compartirla para controlar la dosis.
-No compartir «turulo» o jeringuilla.
-Si alguien sufre una sobredosis, no lo abandones.
-Llama al 112 si es necesario.

¿Qué es la sobreestimulación?

La sobreestimulación es un estado mental y físico producido por el exceso de actividad y estimulación del sistema nervioso central provocado por el consumo de sustancias estimulantes. Esta situación puede darse con independencia del tiempo que una persona lleve consumiendo o de la dosis. Las personas con problemas cardíacos o las que permanecen muchas horas de chill con privación de sueño y que no se han hidratado o alimentado de manera adecuada son más vulnerables a sufrirla.

Puede producir síntomas físicos que van desde taquicardia, dolor en el pecho, aumento de la presión arterial, golpe de calor o hipertermia, dilatación de pupilas, respiración agitada, deshidratación o convulsiones. También pueden aparecer otras señales emocionales, como confusión, agitación, ansiedad, pánico, respuestas agresivas, hipervigilancia, ideación suicida o alucinaciones.

En el caso de que alguien del chill esté sintiendo estos síntomas, es importante ofrecerle ayuda sin aumentar su confusión ni presionarlo. Podéis trasladaros a un espacio tranquilo, sin estímulos audiovisuales (luz apagada o evitar iluminación brillante) y sin música, donde se pueda hidratar, sobre todo con agua o zumos, comer algo ligero, descansar, tomar el aire y sentirse acompañado.

También suele ser beneficiosa una ducha de agua fría. Si la sintomatología fuera a más, especialmente si se producen episodios psicóticos o si la respuesta de la persona está comprometiendo su seguridad, hay que solicitar la valoración de profesionales sanitarios.

3.1.2. Drogas empatógenas

> «El EME es la droga del amor. De la felicidad. Te la tomas y amas a todo el mundo. Todos son tus amigos. A todos quieres abrazar. Todo el mundo te cae bien»

MDMA

Aunque el MDMA es una sustancia que comparte características estimulantes y empatógenas, aquí la hemos englobado bajo las segundas. Fue sintetizada por un popular laboratorio farmacéutico a principios del siglo XX, pero pronto se descartó su uso comercial. En la década de los setenta se empleó de manera experimental en terapias psicológicas, algo que se ha recuperado con la aprobación en

Australia en 2023 de su utilización terapéutica para tratar el Trastorno de Estrés Postraumático. Esta sustancia está asociada a contextos de música electrónica y es conocida popularmente como éxtasis, eme, pastillas o cristal (no confundir con *crystal meth*).

Su fiscalización en Europa llegó con su inclusión en la Convención de las Naciones Unidas sobre sustancias psicotrópicas de 1971. Fue en la década de los ochenta cuando se popularizó en la escena electrónica y muchos países la clasificaron como sustancia controlada.

Presentación. Suele presentarse en dos formatos: cristales con cierto color terroso o pastillas.

Vías de administración. Oral, esnifada, intravenosa (*slam*) y rectal (*bumping*). Si la administración es oral, se recomienda evitar ingerirla mojando el dedo, ya que no se puede calcular la dosis. Es mejor hacer bombetas con papel de fumar o bien con cápsulas.

Duración. La subida de MDMA puede presentarse aproximadamente entre treinta y sesenta minutos tras la ingesta. Los efectos pueden durar hasta seis horas, dependiendo de la dosis y otras variables como el contexto, el consumo de otras sustancias y el estado físico y emocional.

Efectos deseados:

-Sensación de felicidad y armonía con el entorno.
-Euforia.
-Aumento de la confianza y la empatía.
-Aumento de la desinhibición.
-Aumento de la comunicación con otras personas.
-Aumento de la estimulación.
-Aumento de la experiencia sensorial (la música, los colores), incluyendo el deseo de contacto humano.

Efectos adversos:

-Sensación de náuseas, malestar general, sudoración (en especial en personas sin experiencia en el consumo y con dosis altas).

-Mandibuleo o tensión mandibular.

-Sequedad bucal.

-Dificulta la erección.

-Dilatación de pupilas.

-Sensación de calor (o por el contrario, de frío).

-El bajón químico aparece entre las cuarenta y ocho y las setenta y dos horas. Se conoce como «martes triste» y se caracteriza por sensación de tristeza y cierta inestabilidad emocional, aunque generalmente son efectos leves y temporales.

Otros efectos adversos menos frecuentes pero más graves:

-Hipertermia o golpe de calor.

-Hiponatremia (descenso de sodio en sangre producido por un exceso de hidratación, además de una secreción persistente de hormona antidiurética, que hace acumular más agua en el organismo).

Advertencias. Es importante conocer la pureza del MDMA o la composición de las pastillas, ya que cada una (y cada lote) puede tener una concentración diferente. Se recomienda partir cada pastilla en cuatro cuartos y espaciar su administración durante al menos tres horas. La tolerancia al MDMA fomenta un efecto conocido como «pérdida de magia»: ningún consumo puede aproximarse a las sensaciones experimentadas en las primeras veces que se probó.

Se debe prestar atención si se toma con alcohol, ya que aumenta la deshidratación, y evitar el consumo conjunto con otras sustancias estimulantes e impedir así una sobredosis. Como ocurre con otras drogas, en personas con VIH que estén tomando tratamientos con potenciadores farmacológicos como el ritonavir, es importante tener en cuenta que estos pueden aumentar la concentración de MDMA en sangre y, con ello, su toxicidad. Si tienes VIH, conviene que tu profesional de referencia en la Unidad de Enfermedades Infecciosas del hospital sepa qué pautas de consumo sigues para recetar el tratamiento que mejor se ajuste a tus necesidades. También si estás tomando ciertos antidepresivos o vas a iniciar el tratamiento, consulta con tu profesional sanitario.

Para reducir los riesgos ante el consumo:

-Trata de consumir la dosis más baja, ya que, a menos que se analice previamente, no sabes su pureza.

-Espacia el consumo. Date descansos de cinco o seis semanas entre uno y otro.

-Es preferible el consumo oral frente a otras vías de administración.

-Hidrátate pero con moderación, ya que un exceso de agua puede ser perjudicial.

-En caso de que alguien sufra un golpe de calor, llama al 112 para que sea atendido y no lo abandones.

-Si alguien sufra un episodio de ansiedad, llévalo a un entorno tranquilo al aire libre donde pueda recobrar la calma y sentirse acompañado.

3.1.3. Drogas disociativas

«Keta. La Keta me baja. Necesito Keta»

Este grupo de sustancias produce sensaciones de desconexión y alteración de la percepción de la realidad. Las más utilizadas en las sesiones son:

Ketamina

Es una droga usada con frecuencia como anestésico y analgésico, tanto en medicina veterinaria como en medicina humana.

Presentación. Por lo general, se presenta en forma de polvo o cristales blancos. La versión farmacéutica es un líquido inyectable.

Vías de administración. Oral, esnifada, intravenosa (*slam*) y rectal (*bumping*).

Duración. Entre una y dos horas, aproximadamente.

Efectos deseados:

- -Alcanzar un estado de calma o tranquilidad.
- -Sensación de desconexión o escape de la realidad.
- -Experiencias extracorpóreas.
- -Reducción del dolor.
- -Euforia.
- -Alucinaciones (visuales y auditivas).
- -Desinhibición.

Efectos adversos:

- -Inestabilidad en los movimientos y caídas (especialmente en dosis altas).
- -Dificultad para comunicarnos con el entorno.
- -Pérdida de la noción del espacio y del tiempo.
- -Náuseas, mareos, malestar y dificultad para orinar.

Otros efectos adversos menos frecuentes pero más graves:

- -Un uso crónico puede afectar al sistema urinario.

-Dolores en la zona abdominal.

-Episodios de ansiedad, psicosis o insomnio.

-Un uso prolongado puede generar dependencia.

Advertencias. El consumo de ketamina junto a otras drogas depresoras, como el alcohol o el GHB, puede potenciar los efectos depresores del sistema nervioso central, pudiendo desembocar en la pérdida de conciencia. Si se combina con estimulantes, estos pueden contrarrestar los efectos de la ketamina. Se aconseja prestar atención al entorno físico con el fin de prevenir caídas y posibles accidentes. El consumo puede comprometerte si tienes alguna condición de salud mental previa, te has sometido a cirugía ocular, padeces problemas cardíacos o de hipertensión.

Para reducir los riesgos ante el consumo:

-Comienza con dosis bajas.

-Marca el límite de tiempo y cantidad de ketamina a consumir en una sesión.

-Identifica la ketamina para diferenciarla de otras sustancias similares.

-Haz rayas más pequeñas y delgadas.

-Antes de volver a consumir, espera a que hayan pasado los efectos de la dosis anterior.

-Si vas a consumir, hazlo en un espacio con gente que te aporte seguridad y confianza.

-Evita compartir «turulos» y jeringuillas.

-Espacia el consumo.

-Los «turulos» desechables deben ser lo más asépticos posible. Evita los billetes.

3.1.4. Drogas depresoras

> «El Gé se usa, en teoría, para limpiar neumáticos. Y el pudor. Uf, ya me estoy poniendo cachondo»

Reducen la actividad del sistema nervioso central, lo que produce cierta relajación, sedación, disminución de funciones corporales (ralentiza la respiración y la frecuencia cardíaca). La principal droga depresora es el alcohol, pero también hay otras, como las benzodiacepinas, los opioides o los barbitúricos. En el chemsex, la sustancia depresora por excelencia es el GHB/GBL.

GHB/GBL

Debido a la influencia de los medios de comunicación y porque al inicio de su consumo produce una leve sensación de euforia, esta sustancia depresora del sistema nervioso central es denominada, de manera errónea, éxtasis líquido.

El GHB/GBL, conocido como G, chorro o chorri, fue creado con fines médicos, pero no tuvo un largo recorrido, principalmente por sus efectos adversos. En la década de los ochenta, fue usado en el sector del culturismo como potenciador de la masa muscular, ya que estimula en cierto grado la secreción de la hormona del crecimiento. En España, su uso recreativo comenzó en torno al año 2000.

Es una sustancia controvertida no solo por el potencial riesgo de poner a las personas que lo consumen en una situación de vulnerabilidad, sino también porque es empleada en las sumisiones químicas y agresiones sexuales. Por todas estas razones, en ciudades europeas como

Berlín se prohíbe expresamente su uso, por ejemplo, en los clubes nocturnos, donde, además, el *staff* cuenta con formación y protocolos de actuación frente a sobredosis o agresiones sexuales. La composición actual del GHB (gamma-hidroxibutirato) es, en realidad, GBL (gamma-butirolactona), con efectos similares al primero pero más intensos y rápidos. Industrialmente, este último se usa como disolvente, aunque debido al auge de su consumo recreativo se ha restringido la venta comercial.

Presentación. Pequeñas botellas con pipeta para su administración. Es un líquido transparente, inodoro y con un sabor químico característico.

Vías de administración. Oral, mezclado con agua o zumos.

Duración. Entre una y tres horas.

Efectos deseados:

-Desinhibición.

-Aumento de la sociabilidad y comunicación.

-Aumento del deseo y de la experiencia sensorial en el sexo.

-Relajación.

-Euforia.

Efectos adversos:

-Malestar general.

-Vómitos.

-Náuseas.

-Mareos.

-Somnolencia.

Otros efectos adversos menos frecuentes pero más graves:

-Pérdida de memoria.

-Coma.

-Convulsiones.

Advertencias. Es una sustancia compleja ante la cual conviene tener varios puntos en cuenta. Al acumularse en el organismo, es necesario respetar los tiempos entre tomas. No hacerlo puede favorecer una sobredosis, así como la aparición de episodios de agitación o ansiedad y tensión muscular. Si queda poca cantidad en el bote, se debe agitar antes de consumirlo para que se distribuya adecuadamente.

El margen que existe entre una dosis que produzca los efectos deseados y otra que provoque sedación y efectos adversos es muy estrecho, por lo que conviene extremar la prudencia y reducir y espaciar las dosis, no mezclar con sustancias depresoras y respetar el tiempo de, al menos, dos horas entre las tomas. Al igual que el alcohol, puede generar dependencia física. Las personas que presenten síndrome de abstinencia necesitarán acompañamiento médico.

Las principales señales físicas de una sobredosis de G son el cambio del color de la piel y la somnolencia. En caso de que la persona no reaccione ante estímulos (llamarle por su nombre, pellizcarle el brazo), se la debe colocar en la posición lateral de seguridad para evitar ahogamientos en caso de vómitos y llamar al 112. Por supuesto, también es fundamental que la acompañemos hasta la llegada de los profesionales sanitarios.

No se debe mezclar con otras sustancias depresoras (por ejemplo, alcohol, ketamina o tranquilizantes), ya que podría poner en peligro nuestra vida al aumentar el nivel de sedación. Su combinación con sustancias estimulantes puede camuflar los efectos del G, promoviendo la redosificación y aumentando la probabilidad de la aparición de los efectos adversos.

Para reducir los riesgos ante el consumo:

-Si el bote es nuevo, toma una primera dosis más baja para conocer la potencia de la sustancia.

-Consume una varilla de un mililitro cada dos horas (importante: programa alarmas). Aunque hayan desaparecido los efectos, espera el tiempo adecuado para la siguiente dosis.

-Marca tu bebida para evitar confusiones y accidentes. Para diferenciarla, puedes meter una pajita, usar tinte alimenticio o poner cinta adhesiva con tu nombre en el vaso.

-Evita echar el chorri directamente en la boca. Mézclalo siempre con agua o zumo, nunca con bebidas alcohólicas.

-Es preferible consumirlo en entornos seguros y estar acompañado.

-Evita el consumo frecuente para reducir el desarrollo de dependencia.

3.1.5. Drogas inhalantes

Entre las denominadas drogas inhalantes hay una serie de productos volátiles que, al ser inhalados, tienen efectos psicoactivos breves. La sustancia más asociada al chemsex —y a la cultura gay en general— es el popper.

Popper

Se utiliza para favorecer la relajación de los músculos lisos, entre ellos el esfínter anal, y facilitar así la penetración. En los últimos tiempos también se ha convertido en una droga recreativa muy popular en lugares de ocio nocturno.

El término es una onomatopeya que hace referencia al sonido que provocaba la apertura de las ampollas de vidrio que contenían la droga (¡pop!). Para eludir la regulación que prohibía su venta, en ocasiones el etiquetado hacía referencia a su uso como limpiador de cabezales de reproductores de vídeo, advirtiendo de que no era apto para el consumo humano.

Presentación. Es un líquido muy volátil formado por distintos compuestos nitrogenados que se presenta en pequeñas botellas de vidrio. También se vende en formato sólido, similar a la vaselina labial.

Vías de administración. En caso de ser líquido, se inhala a través de los vapores que desprende. Si es sólido, se aplica en la parte externa de las fosas nasales.

Duración. Sus efectos suelen durar entre uno y tres minutos. Al ser un líquido inhalable, es muy difícil establecer la dosis adecuada. Se recomienda no inhalar más de dos veces por toma (una por cada fosa nasal) y esperar al menos cinco minutos hasta la siguiente dosis.

Efectos deseados:

-Euforia.

-Sensación de calor y de subidón.

-Intensificación de sensaciones placenteras (por lo general, asociadas al sexo).

Efectos adversos.

-Cierta dependencia psicológica que dificulta mantener relaciones sexuales sin usarlo.

-Mareo.

-Dolor de cabeza.

-Dificulta la erección.

-Taquicardia.

-Malestar.

Otros efectos adversos menos frecuentes pero más graves:

-Cianosis (baja concentración de oxígeno en la sangre que produce un color azulado en la piel, los labios y las uñas. También conocido como «efecto Laura Palmer»).

-Vómitos.

-Desmayos.

-Alteración de la presión ocular.

-Paranoia.

Advertencias. El popper nunca se debe ingerir, ya que es altamente corrosivo y puede comprometer la vida de la persona. Además, es muy inflamable, por lo que se recomienda evitar que entre en contacto con el fuego. No debe consumirse con drogas estimulantes como la cocaína, ya que puede causar un sobreesfuerzo cardiovascular; ni con depresoras como el alcohol, ya que puede producir fuertes bajadas de tensión o la pérdida de la conciencia (el mismo efecto si se combina con fármacos para la disfunción eréctil).

Para reducir los riesgos ante el consumo:

-Espacia el consumo y hazlo solo cuando tú lo decidas, no por presión externa.

-Limpia el borde del bote después de cada uso y ciérralo correctamente.

-Evita que el bote entre en contacto con la piel.

-Evita que se derrame el líquido.

-Si sientes alguno de estos efectos adversos, detén el consumo.

3.2. ¿Qué papel juegan los medicamentos para la disfunción eréctil?

> «Y te pone cachondo también... pero del pene, olvídate. Se te mete para adentre. Peeeeeero para eso no hay probleme... para eso existe el Azulé de Pfizer. Y pa'lante. ¡Todo con E!»

En los chills, el uso de sustancias puede aumentar el calentón, el morbo y la sensación placentera de los encuentros sexuales, pero también dificultar la erección. Debido a esto, el uso de medicamentos para la disfunción eréctil (que inhiben la fosfodiesterasa 5 y activan el flujo sanguíneo) es bastante común. Los tratamientos más populares son de administración oral, en crema o inyectable, y las marcas comerciales más conocidas, Viagra, Cialis o Levitra, aunque también existen genéricos.

Según la legislación española, estos medicamentos deben ser recetados por un profesional médico tras una valoración previa, ya que, por ejemplo, no son adecuados si tienes hipotensión, hipertensión, enfermedades oculares que afecten a la retina, enfermedad hepática, cardíaca o renal. Su uso en el marco del chemsex (adquirido a través de *dealers* o en internet) suele darse entre personas sin problemas de disfunción eréctil en su vida cotidiana, pero sí con dificultades o imposibilidad para mantener una erección cuando consumen drogas.

Es fundamental conocer el potencial riesgo que conlleva combinar estos medicamentos con sustancias como el popper, ya que se puede dar un brusco descenso de la presión arterial que produce mareos. La mezcla con drogas estimulantes puede aumentar el riesgo de fallo cardíaco. En caso de tener que ir a urgencias, hay que decir que se ha tomado alguno de estos fármacos, ya que pueden interaccionar con los tratamientos que se administren en el hospital.

El consumo adecuado de estos medicamentos puede tener efectos secundarios de carácter leve, entre los que destacan: coloración de la piel o enrojecimiento, dolor de cabeza, congestión nasal, aumento de la sensibilidad de la luz o vista borrosa, ligero mareo o malestar estomacal. Si la erección no desapareciera sola y se prolongara durante más de cuatro horas, conviene acudir a urgencias lo antes posible para prevenir lesiones en el pene.

3.3. ¿Qué es el *slam*?

El término anglosajón *slam* se traduce como un golpe brusco y fuerte que evoca la inmediatez con la que hacen efecto las sustancias administradas por vía intravenosa. Esta práctica es conocida como «slamsex» o «slamming».

Según el primer estudio cualitativo sobre el *slam* elaborado por el equipo de Imagina MÁS, y liderado por mi compañero Álvaro Morales,[8] el término engloba el uso sexualizado de sustancias inyectables entre hombres gais, bisexuales y otros hombres que tienen sexo con hombres con el objetivo de facilitar, mejorar o prolongar las experiencias en contextos de chemsex.

8 Morales, A., Zaro, I., Gómez, M., Alonso, A., Valderrábano, M., Casco, M., Arias, P., Vázquez, C., Macías, H. «Voces de usuarios SLAM en contextos de Chemsex: 21 teorías sobre el SLAM en España». Imagina MÁS, 2024.

Esta vía de administración tiene un riesgo potencial para el desarrollo de adicciones, así como un mayor impacto en la salud física (abscesos, infecciones en la sangre, mayor probabilidad de adquirir hepatitis C o VIH si se comparte material de inyección) y mental (por ejemplo, conducta suicida). La existencia de un estigma sobre el consumo intravenoso hace que el acceso al sistema sanitario o la formación en la reducción de daños sea más difícil; por desgracia, todavía hay voces que consideran que enseñar a este perfil de consumidores cómo inyectarse de forma correcta es hacer apología del consumo de drogas.

3.4. ¿Cómo se pueden reducir riesgos y daños?

«Chorri y Keta... ¡colchoneta»

Conviene aceptar que, aunque se diseñen estupendas campañas de prevención, siempre habrá personas que vayan a consumir drogas, aun sabiendo que no es saludable hacerlo. A estos consumidores deberán estar dirigidas una serie de medidas que reduzcan los posibles riesgos y daños. No se está promoviendo el consumo de drogas, sino aceptando que existe y que se debe dar una respuesta adecuada.

Aunque en el apartado de las sustancias ya hemos detallado algunas pautas para la reducción de daños, vamos a establecer una serie de recomendaciones generales.

Analiza las sustancias

Al estar adquiriendo sustancias ilegales, la única manera de saber si la composición es la que se desea es a través del análisis de las mismas. Este tipo de análisis requiere de una dosis mínima de droga y se lleva a cabo a través de diversas técnicas de laboratorio (test colorimétricos, cromatografía de capa fina, espectrofotometría ultravioleta o microscopía, entre otras). Mediante estos procedimientos se puede conocer el contenido, la pureza o la concentración de los principios activos, algo muy importante a la hora de calcular las dosis adecuadas y saber si la sustancia está adulterada.

En España, Energy Control, un servicio para el análisis de sustancias, se ha convertido en un referente, con dispositivos en Cataluña, Madrid, Baleares y Andalucía. Además, cuenta también con una asesoría individual sobre cómo reducir riesgos. Puedes encontrar mucha más información en su web, donde también podrás enterarte de las alertas sobre sustancias adulteradas.

Planifica la sesión

Una vez analizada la sustancia, se podrá planificar la cantidad a consumir, que podremos pesar con una balanza digital. La planificación pasa por la toma de conciencia de lo que se va a consumir, algo que, a menudo, se deja en manos del típico «me he liado» o «me han liado».

Medir las dosis te permitirá saber, de manera aproximada, la cantidad de sustancias que llevas y tener un mayor control sobre el consumo, especialmente si es oral (bombetas o cápsulas) o inyectado. Si es esnifado, se puede dividir el contenido en varios pollos y calcular el número de rayas. Se aconseja evitar las puntas o el consumo oral de MDMA o pastillas porque no se puede calcular la cantidad.

En la reducción de daños, la autogestión es fundamental. Si vas a consumir, conviene que te organices y eso pasa por tener un control previo sobre el consumo, decidiendo qué cantidad de dinero vas a invertir en la adquisición de drogas, qué sustancias vas a tomar y cuáles no, informarte sobre cada una de ellas y decidir cómo y en qué espacios lo vas a hacer (por ejemplo, quizá no sea buena idea probar por primera vez una raya de keta en un club de electrónica con desconocidos).

Ser consciente de lo que haces también pasa por preguntarte desde dónde tomas la decisión de consumir, y es que, como dijo Emma Demar en uno de los coloquios de Imagina MÁS tras una representación de *El Gé* en Nave 73 (Madrid), no es lo mismo irte de chill «para darte un gusto que para quitarte un disgusto». Como ya he comentado, las drogas pueden ser una herramienta para afrontar el dolor y la herida. Si este es el origen de la decisión, quizá sea el momento de solicitar apoyo profesional, encontrar un espacio seguro donde explorar y trabajar lo emocional desde otra metodología.

Es muy recomendable espaciar los consumos, bien para darle tiempo a tu cuerpo para recuperarse o para evitar que tu ocio y tus relaciones personales y afectivo-sexuales estén siempre relacionadas con el chemsex. Es también una buena idea llevar un diario en el que puedas registrar una planificación de cuándo vas a irte de chill y qué cantidad de droga, dinero y tiempo vas a invertir en cada sesión. Después podrás comprobar si has cumplido el plan inicial y, de paso, llevar un control sobre el consumo, pudiendo medir de manera objetiva si este se intensifica. Por último, esta planificación también pasa por dedicar el tiempo necesario para hacer frente a la resaca posterior y descansar, hidratarse, alimentarse y recuperar el sueño perdido.

Espacios de consumo

Prestar atención al entorno donde se van a consumir sustancias es clave. Los chills suelen hacerse en domicilios privados, lo que permite diseñar un entorno más seguro y adecuado, disponiendo además de acceso a agua, comida, baño e incluso un botiquín para casos de emergencia. También es importante, siempre que sea posible, contar con alguien de confianza presente en la sesión, ya que cuando se consumen drogas a veces no sale todo como se esperaba y nos puede hacer falta ayuda. Es en estos casos cuando es imprescindible generar un espacio de fraternidad que permita el cuidado mutuo de los integrantes del chill, aunque sean perfectos desconocidos; una respuesta comunitaria para preservar la vida de las personas que puedan estar en apuros y también para hacer frente a agresiones sexuales.

Presta atención a tu cuerpo

Esto supone conocer qué dosis activas son las adecuadas para ti, es decir, qué cantidad de sustancia es suficiente para alcanzar los efectos que buscas. Por encima de esta dosis crece la posibilidad de que aparezcan efectos adversos no deseados. En el caso de probar una sustancia nueva, es recomendable apostar por dosis más bajas y hacerlo con personas que tengan experiencia y en un entorno seguro.

En caso de consumo frecuente, es fundamental conocer el nivel de tolerancia que nos llevará a necesitar más cantidad para alcanzar efectos similares a los deseados. Determinadas drogas pueden quitarnos el hambre y la sed, por lo que es recomendable ponerse alarmas para tomarnos un descanso, hidratarnos o comer algo ligero. Estas mismas alarmas nos pueden recordar tomar tratamientos para el VIH o la PrEP.

3.5. ¿Qué es el bajón químico y cómo sobrevivir a él?

El bajón químico, también conocido como «bajona», es un estado que resulta de la combinación de síntomas físicos, psicológicos, cognitivos y emocionales que surgen tras el consumo de sustancias o la práctica del chemsex, especialmente entre las veinticuatro y las setenta y dos horas.

Entre los posibles síntomas físicos están: dolor de cabeza, deshidratación, somnolencia y fatiga extrema. A nivel psicológico pueden aparecer apatía (sensación de vacío), ansiedad o depresión. En lo cognitivo, podemos hallar desde dificultad para mantener la concentración a pérdida de memoria a corto plazo. En el terreno emocional puede aflorar un sentimiento de culpa y aislamiento social.

El bajón químico es temporal, aunque existen algunas pautas que se pueden adoptar para transitarlo mejor, previniendo o disminuyendo su sintomatología:

Dedica tiempo al descanso. Es el momento de la recuperación, el sueño y el descanso. Si no puedes dormir del tirón, puedes fragmentar el descanso en pequeñas siestas.

Recupera la energía. Durante esta fase es recomendable hidratarse (agua o zumos) y alimentarse de forma adecuada (los carbohidratos y las proteínas ayudan a estabilizar el nivel de energía corporal) e incluir fruta (en especial, las que contengan vitamina C, como naranjas o kiwis) y verduras para la obtención de vitaminas y minerales esenciales.

Suplementos. En caso de que lo necesites, hay suplementos que pueden ayudar al proceso de recuperación, como el triptófano, el Omega-3 o el 5-HTP (precursor directo de la serotonina). Si necesitas más información, acude a un profesional o nutricionista. En la medida de lo posible, evita consumir ansiolíticos o somníferos para regular el bajón químico.

Actividades suaves que te proporcionen placer. Algunas de ellas pueden ser hacer ejercicio suave como caminar, darse un baño o una ducha caliente, escuchar música relajante o ver series o películas amables. Si necesitas compartir cómo te sientes, trata de contactar con personas cercanas para hablar sobre ello.

3.6. ¿Qué hacemos si alguien dobla?

> «Joder, tío, me había olvidado de José. Está en el cuarto, doblade»

Lo primero es identificar si la persona está sufriendo una sobredosis o si está doblando. Para ello, tenemos que prestar atención a los siguientes síntomas:

-Respiración lenta o irregular, llegando a tener pausas en la misma o episodios de apnea.
-Disminución de la frecuencia cardíaca.
-Alteración en la coloración de la piel (tono azulado).
-Descenso de la temperatura corporal.
-Vómitos.

-Pérdida de conciencia (no responde a estímulos como pellizcos en el cuerpo).

Si aparecen algunas de estas señales, hay que actuar con celeridad para que la vida de la persona no se vea comprometida. Y aunque sea muy complicado, trata de mantener la calma mientras das los siguientes pasos:

-Llama al 112, especificando la sospecha de estar ante un caso de sobredosis de GHB/GBL y dando detalles sobre los síntomas que ves.

-No abandones a la persona hasta que lleguen los profesionales sanitarios.

-Sitúa a la persona en la posición lateral de seguridad: de lado, facilitando que las vías respiratorias queden libres para evitar que se ahogue o asfixie con su propio vómito.

-No le provoques el vómito, ya que esto podría aumentar el riesgo de asfixia.

-En el caso de que deje de respirar, aplica la técnica de reanimación cardiorrespiratoria (RCP).

3.7. ¿Qué hacer ante una psicosis tóxica o un brote psicótico?

Una psicosis tóxica es una desconexión de la realidad producida por el consumo de sustancias que se manifiesta a través de síntomas como agitación, alucinaciones, comportamientos extraños, delirios o confusión mental. En dicho estado, la integridad de la persona puede verse seriamente comprometida, precisando de estabilización e intervención médica urgente.

Es aconsejable acompañar a la persona, llamarla por su nombre para que sepa que no está sola y tratar de mantener una conversación para que ubique el espacio en el que se encuentra. En caso de que esté agitada, es fundamental trasladarla a un lugar tranquilo y sin estímulos en el que podamos tratar de que entienda que la situación es pasajera y producto de las drogas. Si tras estas pautas siguiera muy agitada o agresiva, convendría llamar al 112 y quedarnos con ella hasta la llegada del equipo médico.

3.8. ¿Qué es una adicción?

El DSM-5 o *Manual Diagnóstico y Estadístico de los Trastornos Mentales*, 5ª edición, no emplea el término adicción, sino el concepto de Trastorno por Uso de Sustancias (TUS). Este se clasifica dentro de los trastornos relacionados con sustancias y trastornos adictivos y es definido como un patrón problemático de uso de una sustancia que conduce a un deterioro o malestar clínicamente significativo, manifestado por, al menos, dos de los siguientes criterios en un periodo de doce meses:

- -Uso de la sustancia en cantidades mayores o durante un periodo más largo de lo previsto.
- -Deseo persistente o esfuerzos infructuosos para reducir o controlar el uso.
- -Dedicar gran parte del tiempo a obtener, usar o recuperarse de la sustancia.
- -Antojos o deseo intenso de consumir la sustancia.
- -Uso recurrente que interfiere con responsabilidades en el trabajo, la escuela o el hogar.
- -Continuar el uso a pesar de problemas sociales o interpersonales causados por la sustancia.

-Abandono o reducción de actividades importantes debido al consumo.
-Uso recurrente en situaciones peligrosas.
-Uso continuado a pesar de problemas físicos o psicológicos derivados de la sustancia.
-Tolerancia: necesidad de consumir más para obtener el mismo efecto o disminución del efecto con la misma cantidad.
-Síndrome de abstinencia: aparición de síntomas al reducir o suspender el consumo, o uso de la sustancia para evitar estos síntomas.

La gravedad del trastorno se clasifica en leve (de dos a tres criterios), moderado (de cuatro a cinco criterios) y grave (seis o más criterios).

Algunos de los indicios asociados a las adicciones son la conducta compulsiva, que lleva al consumo reiterado de las sustancias o a repetir un determinado comportamiento (el uso de aplicaciones móviles, por ejemplo), la tolerancia (tener que consumir mayores cantidades o pasar más horas realizando una actividad para conseguir el mismo efecto), el síndrome de abstinencia (desregulación y malestar producido ante el cese del consumo o de la práctica del comportamiento), así como el impacto negativo en otras esferas importantes de la vida del individuo, como pueden ser la salud física y mental o las relaciones afectivo-sexuales. A menudo, en el contexto del chemsex, una persona puede tener varias adicciones cruzadas, como la adicción a las drogas y comportamientos compulsivos con el sexo y las apps de contacto.

Las adicciones se pueden tratar si las abordamos desde lo médico, lo social y lo psicológico, por lo general mediante equipos multidisciplinares. En ocasiones, el tratamiento requiere del ingreso en centros y comunidades terapéuticas. Si sospechas que alguien de tu entorno (o tú mismo) puede tener un consumo problemático o algún tipo de adicción, en este libro encontrarás un capítulo con una guía de recursos en la que hallarás ayuda y asesoramiento.

3.9. ¿Cuáles son las señales de alarma ante un consumo problemático?

Aunque la línea entre consumo recreativo, uso de sustancias y consumo problemático puede ser muy difusa, hay una serie de situaciones que pueden hacer que nos planteemos que quizá no tengamos tanto control sobre las drogas como pensábamos, algo que produce vértigo y miedo. A esto hay que sumar el tabú social sobre las drogas, que a menudo dificulta hallar espacios seguros donde compartir nuestras experiencias o sentimientos. Aquí van algunas situaciones que alertan sobre un posible consumo problemático:

Interferencia en otras esferas vitales (ámbito académico, laboral o la esfera social). Esto ocurre cuando el consumo o la práctica del chemsex ocupa cada vez más espacio y tiempo, hasta el punto de que afecta a otras áreas de tu vida: por ejemplo, faltar al cumpleaños de tu madre porque te liaste el viernes y aún sigues de chill o no ir a trabajar debido al bajón químico.

El absentismo laboral es una de las señales más evidentes de pérdida de control para muchas personas que tienen un consumo problemático de sustancias asociado a las sesiones. Cuando lo que empezó siendo algo lúdico imposibilita o dificulta el desempeño de las obligaciones en el trabajo, deben saltar todas las alarmas.

Vida sexual condicionada. Son numerosas las variables que influyen en la práctica del chemsex: desinhibirse y obtener el valor para determinadas prácticas sexuales, anestesiar voces internas o querer sentir más morbo con el mayor número de personas durante más tiempo. Por todo esto, es comprensible que se quiera emular en el futuro el nivel de placer y liberación de las sesiones. Y así es cómo, poco a poco, el uso sexualizado de sustancias empieza a estar presente en todos los encuentros sexuales hasta no recordar cuándo fue la última vez en la que se tuvo sexo sobrio. Ser incapaces de mantener relaciones sexuales sin el consumo de sustancias es otra señal de alarma; un sexo a pelo en lo emocional, que nos enfrenta a quienes somos sin armaduras químicas tras las que escondernos, con nuestra vulnerabilidad natural al desnudo.

Deterioro de la red de apoyo alternativa al consumo. Si el chemsex va ganando espacio en tu vida, es probable que te vayas alejando de tu círculo de amistades ajeno al consumo para rodearte de las personas con las que compartes el mismo ocio. Si careces de gente con la que irte a tomar un café, ver una película, dar un paseo o charlar y sin embargo siempre tienes a mano a personas con las que estar de colocón, esta puede ser otra señal de alerta.

Repercusiones en la salud física y/o mental:

-Paso por urgencias debido a complicaciones producidas por el consumo.

-Sufrir una sobredosis o doblar.

-Tener algún episodio de psicosis tóxica.

-Ideación y conducta suicida.

-Algunas consecuencias físicas entre usuarios que practican *slam* son abscesos, celulitis o infecciones en la sangre.

Pérdida de control. Para muchas personas, el paso de consumir solas o a escondidas es ya en sí mismo una señal de alerta. Pero si además no eres capaz de controlar la cantidad que consumes y el dinero y el tiempo que dedicas al chemsex, puede que estés ante un consumo problemático.

3.10. ¿Consumir drogas es un delito?

> «Estaba volviendo a mi casa. Triunfante, vencedor… y, de repente, escucho desde una esquina: «Oye, tú». Me doy la vuelta y era un poli. UN PUTO POLI. Y yo no estaba haciendo nada malo, ¿eh? Solo caminar. Colocado. Feliz. Disfrutando del sol. "¿Qué llevas encima?", me preguntó. "NADA…"»

A nivel legislativo, en España consumir cualquier droga (sea legal o ilegal) no constituye un delito. Se entiende que la ciudadanía tiene libertad para decidir consumir cualquier sustancia siempre que sea por voluntad propia, a pesar de que pueda poner en riesgo su salud. Aunque la adquisición y tenencia de pequeñas cantidades de droga para el consumo propio no se considera delito (eso sí, siempre que se demuestre), puede ser objeto de sanciones administrativas, según la Ley Orgánica 4/2015 de Protección de la Seguridad Ciudadana.

Esta normativa establece multas para quienes consuman o posean drogas en lugares públicos con sanciones que oscilan entre los 601 y los 30 000 euros. Pero la realidad es mucho más compleja y el autoconsumo a veces no resulta sencillo de demostrar. Se entiende que es para consumo propio cuando no supera la cantidad que se consume en un periodo de tres a cinco días. Una posesión que conlleve un consumo superior a la cantidad de esta franja temporal se considera tráfico de drogas, un delito penal que atenta contra la salud pública.

Aunque la legislación no establece cantidades específicas que diferencien el autoconsumo del tráfico de drogas, la jurisprudencia, apoyándose en el Instituto Nacional de Toxicología, ofrece una serie de criterios que permiten interpretar que dichas cantidades son indicativas de un consumo personal para un periodo de cinco días:

-Marihuana: hasta 100 gramos.
-Hachís: hasta 25 gramos.
-Cocaína: hasta 7,5 gramos.
-Heroína: hasta 3 gramos.
-MDMA: hasta 1,4 gramos.
-Anfetaminas: hasta 0,9 gramos.
-LSD: hasta 3 miligramos.

Sin embargo, las cantidades orientativas que podrían significar un consumo personal en relación a las sustancias asociadas al chemsex parecen ser mucho menores, en parte debido a su reciente aparición y a la lentitud del sistema en estudiar y clasificar el consumo. El riesgo reside en que la justicia interprete como tráfico lo que en realidad es consumo propio, exponiendo al individuo a penas de cárcel y a una multa significativamente mayor.

Según escribo este capítulo, el Movimiento Marika ha denunciado en sus redes sociales algo que el diario *Público* ha recogido también en un artículo publicado el 11 de febrero de 2024: el hostigamiento por parte de la policía hacia los hombres gais en Madrid y Barcelona. Este acoso, que se justifica bajo la bandera de la lucha contra las drogas, se traduce en redadas aleatorias en las calles, donde los afectados sostienen haber sido cacheados y humillados, así como en espacios que consideramos seguros como saunas, locales de sexo e incluso a través de aplicaciones de ligue.

Desde aquí reclamamos la necesidad de no criminalizar a las personas que consumen sustancias, sino aumentar los presupuestos destinados a la prevención y a la atención. También subrayamos la necesidad urgente de formación en materia de chemsex para los integrantes del sistema judicial, así como para las fuerzas y cuerpos de seguridad del Estado. Además, recomendamos evitar cualquier acción que promueva el consumo de sustancias, incluso entre personas que decidan hacerlo voluntariamente, y actuar con la máxima prudencia para evitar verse inmerso en situaciones legales comprometidas.

3.11. ¿Qué consecuencias pueden tener las drogas y el chemsex para la salud mental?

La salud mental puede verse afectada antes, durante y después de la práctica del chemsex. De manera previa al consumo, una persona puede tener algún tipo de trastorno mental (por ejemplo, ansiedad), algo que agudiza su vulnerabilidad. Es lo que se conoce como «patología dual»: la comorbilidad o existencia de dos o más patologías en un mismo individuo, en este caso, un trastorno mental y otro producido por el consumo de sustancias. Es complicado determinar qué fue antes, si el huevo o la gallina: si el trastorno mental aumenta el riesgo de tener un problema de consumo o si el consumo desencadena o precipita el trastorno mental.

Las drogas también pueden impactar en la salud mental de la persona durante el desarrollo de los chills ya que, como hemos visto, las sustancias pueden afectar transitoriamente a la percepción o al estado de ánimo. Asimismo, al término de las sesiones se pueden producir los bajones químicos, cuya sintomatología se asocia con la abstinencia de sustancias.

Algunos de los trastornos mentales más conocidos entre las personas con consumo problemático en la práctica del chemsex son:

Trastornos por ansiedad y depresión. Ser un hombre gay, bisexual, hombre que tiene sexo con otros hombres, persona trans o no binaria nos enfrenta al estrés de la minoría y a su florida sintomatología, entre la que, por supuesto, se encuentran la ansiedad y la depresión, cuya complejidad radica, a menudo, en la dificultad para identificarlas.

Trastornos por consumo de sustancias. Es lo que de manera coloquial se conoce como «adicción», que se da cuando aparece un deseo muy fuerte por consumir o practicar chemsex (*craving*) y cuando el consumo afecta al estado físico, emocional y social del individuo. Además, las adicciones presentan otras características, como la necesidad de tener que consumir mayor cantidad de sustancias para alcanzar los efectos deseados (tolerancia) o los síntomas que aparecen por la abstinencia (agitación, depresión o ansiedad, por ejemplo).

Ideación suicida. Pensamiento intenso de suicidio, que puede abarcar desde una reflexión pasajera y puntual sobre la propia muerte (ideación suicida pasiva: la persona desea morir pero no planea acciones concretas para hacerlo) hasta una planificación detallada de la misma (ideación suicida activa: puede haber una metodología para llevarla a cabo). El suicidio es un tema complejo y preocupante dentro del chemsex, donde convergen las drogas, la salud mental, el aislamiento social y el estigma. Existen casos en los que no se puede determinar si la causa de la muerte ha sido una sobredosis accidental o una intención suicida. Sin duda, una realidad que requiere de un plan de contención, prevención y seguimiento entre personas con consumo problemático.

Episodios psicóticos. Están más relacionados con el consumo de drogas estimulantes, especialmente la tina o la mefedrona, y pueden llevar a la persona que los transita a sentir que está viviendo situaciones que en realidad no están pasando (sentirse perseguido, espiado, amenazado por alguien o en riesgo inminente, por ejemplo). Estas psicosis tóxicas, que pueden verse potenciadas por la falta de sueño, hidratación o alimento, pueden presentarse tanto durante la fase del consumo como posteriormente.

Agitación psicomotriz. Es un estado de actividad física y mental que se expresa mediante movimientos incontrolables y, a menudo, repetitivos (como mecer el tronco del cuerpo). Puede ocurrir por intoxicación con sustancias estimulantes, en especial con tina y mefedrona, o por procesos de abstinencia.

En resumen, todas las sustancias tienen un impacto en el cerebro y, por lo tanto, pueden afectar a nuestro estado emocional, pudiendo desencadenar una enfermedad mental o intensificar la manifestación de un trastorno previo al consumo, lo tengamos diagnosticado o no. Este proceso puede ir deteriorando la salud física, mental y social de la persona que lo experimenta.

4. Enfoque desde la salud sexual

Cuando se habla de la salud sexual de la comunidad LGTBIAQ+, por lo general se hace en clave de patologización, interpelándonos con informaciones sobre el VIH y otras ITS. Por salud sexual, que es algo mucho más amplio que las infecciones a las que todo ser humano está expuesto, entendemos el bienestar físico, mental y social relacionado con la sexualidad de las personas y comunidades desde un enfoque positivo, respetuoso e integrador que posibilite el mantenimiento de encuentros sexuales placenteros y seguros, sin coerción ni violencia.

Para hacer realidad este objetivo, debe existir en primer lugar una voluntad política por parte de los gobiernos para el diseño de respuestas concretas, como facilitar a la ciudadanía el acceso a la información (a cualquier edad y para todas las vivencias, no solo cisgénero y heterosexuales) así como a los servicios de salud (acceso universal a métodos de prevención de embarazo, centros de ITS, etc.).

Por desgracia, la educación sexual en España es una asignatura pendiente limitada a talleres de apenas un par de horas donde se aborda la prevención del embarazo o de ITS en la adolescencia. La sexualidad es un aspecto vivo y dinámico de nuestra identidad que está en constante evolución. Una charla puntual a los catorce años es, a todas luces, insuficiente.

El grave problema al que nos enfrentamos es la relevancia de aquellas voces que temen que se dé formación en educación sexual en la adolescencia. Pero nuestra obligación es dotar de herramientas para que los futuros adultos estén preparados para tener un sexo más seguro e igualitario, libre de estigmas.

Durante la crisis del sida en la década de los ochenta, el sector más radical y conservador de la sociedad, ese que sigue teniendo un miedo irracional a la libertad sexual, señaló a nuestra comunidad —y, en concreto, a los hombres gais— como responsable de la nueva epidemia. El señalamiento fue tal que el VIH se empezó a llamar el «cáncer gay». Este hecho avivó una fuerte homofobia social que se tradujo en la condena de nuestra forma de ser y de vivir el sexo. La homosexualidad —y su inherente promiscuidad— era considerada un acto infame que implicaba una enfermedad mortal que amenazaba a la sociedad en su conjunto.

A pesar del miedo que se desató entre nuestras filas, fuimos capaces de ofrecer una respuesta ejemplar a nivel comunitario. Sin dar un paso atrás en lo relativo a nuestra libertad sexual, nos organizamos para promover un mayor uso del condón y para informar sobre el VIH, apostando por utilizar métodos barrera y dando apoyo a las personas diagnosticadas. Pero, lamentablemente, marcaron a fuego que nuestra sexualidad era una potencial amenaza, hasta el punto de plantearnos que, en algún momento de nuestra vida, daríamos positivo en la prueba del VIH solo porque nos habían hecho interiorizar que pertenecíamos a un «grupo de riesgo». Este concepto mezquino divide a la sociedad en dos: el bien y el mal, lo decente y lo inmoral, lo natural y lo abyecto. Con el paso del tiempo, se ha demostrado que no existen los grupos de riesgo y que las ITS no entienden de identidades y orientaciones afectivo-sexuales. Sería más acertado hablar de poblaciones vulnerables por cuestiones epidemiológicas, puesto que cualquier persona sexualmente activa se expone en mayor o menor medida a la transmisión de infecciones.

Esta sombra que sobrevuela la sexualidad de los hombres homosexuales y bisexuales sigue teniendo un impacto negativo en nuestra existencia. Si en los ochenta el sexo entre hombres se vinculaba con el sida, en la actualidad ya no se relaciona tanto con el mismo, pero sí con el resto de ITS e incluso con el desarrollo de adicciones relacionadas con el chemsex. Parece ser que, de manera irremediable, nuestra propia vida siempre tiene alguna consecuencia catastrófica: se nos recuerda continuamente que debemos mantenernos alerta, ya que nuestra existencia no está exenta de pecado.

En nuestro día a día, al tener sexo entre nosotros, el miedo ha estado presente. Interiorizamos que el semen era un fluido tóxico con el que estaba prohibido jugar; aunque usáramos preservativo, siempre nos enfrentábamos a las pruebas de detección de anticuerpos con incertidumbre.

Pero con la aparición de la PrEP y el hito de la indetectabilidad, el temor al VIH se ha disipado en parte, permitiéndonos eliminar el peligro de nuestros encuentros sexuales. Aunque el miedo fue la opción más fácil, y normativa, para tratar de prevenir el VIH y el resto de ITS, hoy es una respuesta caduca. En la actualidad, existen distintas formas de prevenir ITS más allá del preservativo y se debe promocionar su divulgación para que cada persona tenga la opción de elegir. Y en el caso de recibir un diagnóstico de alguna ITS, no reprender o castigar, ya que esto, además de injusto, perpetúa el estigma y aleja al individuo del sistema sanitario.

Es importante entender que el riesgo cero no existe, que, en ocasiones, las personas nos exponemos a algunas ITS aunque sepamos que podemos usar métodos barrera (por ejemplo, ante el virus del papiloma humano). Desde una perspectiva médica no debería tener cabida emitir juicio moral alguno y confiar en un único método de prevención —el consabido «usa condón»—: además de ineficaz, es algo tremendamente frustrante.

Conviene individualizar los procesos, conocer las particularidades de cada persona para así ofrecer herramientas para el cuidado de su salud en base a sus necesidades. Entendiendo que la prevención es, en muchos casos, algo posible, en otros puede ser más efectivo incidir en el diagnóstico precoz, en la profilaxis pre o postexposición o en proporcionar información sobre educación sexual.

La salud sexual también supone bienestar emocional y placer sexual y la consecuente aceptación y respeto a todas las identidades y orientaciones afectivo-sexuales. La salud sexual es también el consentimiento constante y expreso de todos los participantes de los encuentros sexuales, nuestras fantasías y diversas formas de performarnos a través de fetiches físicos o digitales que nos permiten relacionarnos eróticamente con el mundo.

Por desgracia, el empoderamiento sexual y las prácticas *kink*, aquellas no normativas y silenciadas, conllevan el castigo del estigma, haciendo que muchas personas sientan culpa o vergüenza, lo que devalúa su experiencia. La salud sexual también es la potenciación de nuestros cuerpos y de las distintas etapas vitales que habitamos. Esto pasa por reivindicar la diversidad corporal y otros modelos de belleza más allá de los hegemónicos, que tienden a ser inalcanzables.

Esta es la única respuesta posible para liberarnos de la tiranía normativa que siempre impactará de manera negativa en cada ser humano, privándole de la paz que proporciona la autoaceptación, ya sea por no tener un cuerpo atlético, por tener sesenta años y aparentarlos, por tener pluma, por desear recibir una o múltiples penetraciones anales o por tener alguna discapacidad y ser al mismo tiempo un ser sexual. Mientras no dispongamos de una adecuada educación sexual, habrá obstáculos que nos impidan tener una vida sexual más plena y placentera.

La salud sexual está recogida en los derechos sexuales y reproductivos dentro de los derechos humanos, siendo una parte fundamental de nuestro bienestar. Entre otros, se reconoce el derecho a la libertad y la autonomía, a la privacidad, al consentimiento y a las relaciones seguras, al placer sexual y a una vivencia sexual libre de culpa, vergüenza o miedo. También se reconocen el derecho a recibir una educación sexual integral adecuada y el derecho a acceder a servicios para la salud sexual y reproductiva.

En lo sexual, el chemsex puede integrar prácticas *kink*. Conceptos como lefa, preñar, batir, poner culo (o coño, cuando el fetiche consiste en la feminización) son frecuentes en las conversaciones previas a los contactos en las sesiones.

Aunque haya voces dentro del chemsex que hablan de adicción al sexo, es más frecuente detectar un sexo compulsivo relacionado con la búsqueda constante de encuentros más que de la satisfacción. El origen de este comportamiento es múltiple: puede ser una estrategia para evadir la soledad, una necesidad de conexión con otros iguales, una búsqueda de diversión o un deseo de pertenencia a un grupo. Este sexo compulsivo se manifiesta en no permanecer en el momento presente. A menudo, mientras se está manteniendo un encuentro sexual, se fantasea ya con el siguiente; aunque estemos disfrutando, siempre existe la posibilidad de prolongar el placer por más tiempo o de volver a sentirlo con otro compañero que aún está por llegar, dibujando un *loop* eterno de búsqueda y recompensa. Esto se ve influenciado por algunas sustancias, que pueden prolongar los encuentros sexuales durante horas o incluso días.

En esta tendencia compulsiva, las apps de contacto tienen un papel importante, ya que son el medio a través del cual realizar una búsqueda; de ahí que, en los chills, las pantallas de los móviles iluminen casi todo el tiempo el rostro de los integrantes. Cuando estos comportamientos compulsivos se relacionan con un consumo problemático o una adicción a las sustancias y/o al uso de apps, escapar del bucle del sexo y de las drogas puede ser una tarea muy ardua.

Que una parte de nuestra comunidad esté hipersexualizada dificulta nuestra capacidad para relacionarnos sin darle continua importancia al sexo. Dicha hipersexualización tiene como resultado no solo que nos leamos constantemente bajo la mirada sexual, sino además cierta incapacidad para establecer vínculos más allá de unas dinámicas sexuales ejecutadas de una manera casi mecánica. El porno tiene una fuerte influencia en esta tendencia, ya que reproduce roles estereotipados de dominación y sumisión, así como prácticas coitocéntricas que marcan expectativas inalcanzables que no hacen sino frustrarnos.

La hipersexualización tiende, además, a la deshumanización, a no contemplar a nuestros compañeros ni sus necesidades o deseos, a no poner el consentimiento en primer plano, olvidando la naturalidad y que el placer no reside en la expectativa, sino en todo lo que rodea al juego sexual compartido.

Siempre he pensado que nuestra comunidad ha sido pionera en celebrar las diversas formas de experimentar el placer erótico, pero la escasa educación sexual, junto con el machismo imperante, han hecho que el cuidado entre nosotros haya casi desaparecido. Por este motivo, en cada formación que imparto en torno al chemsex, me gusta repetir un lema personal: «Folla guarro y trata bonito». Aunque el sexo anónimo y las prácticas *kink* puedan ser tremendamente excitantes, aunque seamos expertos en ensalzar todo lo que rodea al morbo, como personas que han sido socializadas como hombres cis, somos capaces de abordar la primera parte de la frase, pero tenemos dificultades con la segunda. Debemos reflexionar sobre ello. Nuestra responsabilidad es generar la fraternidad suficiente para garantizar el cuidado entre nosotros dentro y fuera de las saunas, los chills o las apps de ligue, con perfectos desconocidos o con cualquier vínculo afectivo-sexual que tengamos. Ya sabes, follemos guarro y tratemos bonito.

4.1. ¿Cuáles son las principales ITS?

Las ITS son infecciones que se transmiten a través de los encuentros sexuales y que tienen tanto un componente sanitario como social, puesto que son estigmatizadas. En la Edad Media eran conocidas como enfermedades venéreas, ya que se pensaba que se trataba de un castigo de Venus, la diosa del amor, ante conductas desviadas como el sexo no reproductivo o la prostitución. Por ello, suelen ir acompañadas de prejuicios que se traducen en sentimientos de culpa, vergüenza o suciedad —origen de la expresión «estar limpio», que alude a tener pruebas recientes y no haber tenido ningún diagnóstico de ITS—. Eliminemos de nuestro vocabulario cualquier referencia estigmatizadora y, de paso, acabemos con la carga negativa del concepto de promiscuidad. Hay infinidad de maneras de entender y vivir el sexo, no hay sexo bueno o malo entre personas adultas que consienten. Por lo tanto, tratemos de aproximarnos a las ITS de una manera aséptica y asertiva sin perder de vista que, en realidad, son una parte diminuta de nuestra salud sexual.

A continuación vamos a profundizar en las principales ITS y conoceremos sus características, vías de transmisión, diagnóstico y síntomas.

4.1.1. ITS de origen bacteriano

En este grupo están aquellas infecciones provocadas por bacterias que se pueden curar con antibióticos. Las más comunes son:

Sífilis

Causada por la bacteria *Treponema pallidum*, fue mortal hasta el descubrimiento de la penicilina en 1928. Se transmite fundamentalmente a través de sexo oral y penetraciones vaginales y anales sin métodos barrera, cuando la bacteria entra en contacto con mucosas (boca, vagina, glande, recto) y la piel. Al producir úlceras y lesiones, en algunas de sus fases aumenta la exposición para la adquisición del VIH.

El diagnóstico se realiza a través de análisis de sangre, con dos tipos de pruebas: no treponémicas (determinan si la persona tiene una infección activa en ese momento) o treponémicas (determinan si la persona ha estado expuesta o no a la bacteria). Es una infección curable mediante penicilina o antibióticos similares para personas alérgicas. No existe vacuna y el cuerpo no genera inmunidad, es decir, se puede volver a adquirir.

Gonorrea

Producida por la bacteria *Neisseria gonorrhoeae*, se transmite fundamentalmente a través de sexo oral y penetraciones vaginales y anales sin métodos barrera. En algunos casos puede ser asintomática y, si no se trata, puede producir infertilidad. Tiene un periodo de incubación de entre dos y diez días desde el contacto sexual. En caso de presentar síntomas, estos pueden incluir:

En personas con pene:

-Escozor y dolor al orinar.

-Molestias en la uretra.

-Secreción blanquecina.

En personas con vagina:

-Molestias y dolor genital.

-Escozor y dolor al orinar.

-Flujo amarillento.

En el recto, puede producir dolor e inflamación. En la garganta, dolor local conocido como faringitis gonocócica (o permanecer sin síntomas).

Se diagnostica a través de la toma de una muestra mediante exudado (faríngeo, rectal o vaginal) y análisis de orina. Se puede curar con antibióticos y, en la actualidad, no existe vacuna para prevenirla. El organismo no se inmuniza frente a la bacteria y, por lo tanto, se puede volver a adquirir.

Clamidia

Causada por la bacteria *Chlamydia trachomatis*, se transmite fundamentalmente a través de sexo oral y penetraciones vaginales y anales sin métodos barrera. Si no se trata, puede producir desde dolor pélvico crónico hasta infertilidad. Tiene un periodo de incubación de entre una y tres semanas desde el contacto sexual. En el caso de presentar síntomas, los más frecuentes son:

En personas con pene:

-Uretritis.

-Ardor en la apertura de la uretra.

-Secreción transparente, similar al líquido preseminal, pero más abundante y no asociada a un estado de excitación.

-Dolor e inflamación en los testículos.

En personas con vagina:

- -Molestias y dolor durante las penetraciones vaginales.
- -Escozor y dolor al orinar.
- -Flujo inusual y de fuerte olor.

En el recto, puede producir dolor e inflamación, junto con secreción o sangrado. En la garganta suele ser asintomática, por lo que es posible tener la infección sin sospecharlo.

El diagnóstico se hace a través de una muestra (faríngea, rectal o vaginal) y análisis de orina. Se puede curar con antibióticos y tampoco existe vacuna. El organismo no se inmuniza y se puede adquirir en repetidas ocasiones.

Linfogranuloma venéreo

Esta infección está causada por los serotipos L1, L2 y L3 de la bacteria *Chlamydia trachomatis* y es una enfermedad endémica en algunas áreas de India, África, Sudeste asiático, América del Sur y el Caribe. Se transmite fundamentalmente a través de sexo oral y penetraciones vaginales y anales sin métodos barrera. Al igual que la sífilis, produce úlceras en alguna de sus fases y aumenta la probabilidad de adquisición del VIH. El periodo de incubación oscila entre los siete y los veintiún días desde la práctica sexual. Para su diagnóstico, se toma una muestra mediante exudado faríngeo, rectal o vaginal. Se puede tratar con antibióticos durante veintiún días, tomando una dosis cada doce horas. Al igual que la clamidia, tampoco existe vacuna y se puede volver a adquirir en repetidas ocasiones.

4.1.2. ITS de origen vírico

Son aquellas producidas por un virus. No todas son curables, aunque sí tratables, y algunas cuentan con vacuna para su prevención. Las más comunes son:

VIH

De todas las ITS, quizá sea del virus de inmunodeficiencia humana (VIH) sobre la que haya más información y, por ello, no me extenderé demasiado —ya le dediqué un libro entero, *La vida a través del espejo*—. En España, su principal vía de transmisión es la sexual, aunque se puede transmitir a través de vía sanguínea (por ejemplo, por el uso compartido de material de inyección).

La transmisión sexual se da fundamentalmente a través de penetraciones vaginales y anales sin métodos barrera. Respecto al sexo oral, la probabilidad de transmisión es baja en comparación con las anteriores, pero no inexistente, y puede aumentar debido a factores como la presencia de heridas en la boca, recibir la eyaculación en la boca, una elevada carga viral en el semen, sangrado de encías o tener alguna ITS activa, como la sífilis. Se puede prevenir mediante métodos barrera o con la profilaxis pre y postexposición. Aunque en los últimos años se ha potenciado la investigación en torno a la búsqueda de una vacuna, a día de hoy no se han obtenido resultados prometedores.

No existe una sintomatología que permita sospechar que se tiene VIH y el periodo de incubación suele estar en torno a las seis semanas y los tres meses. Si no es diagnosticada y tratada, es una infección que, con el paso del tiempo, termina desarrollando la enfermedad del sida, pudiendo comprometer la vida de la persona. Por este motivo conviene realizarse periódicamente pruebas diagnósticas dentro de la gran oferta existente, entre la que destacan la atención primaria, las asociaciones comunitarias con servicio de prueba rápida, las farmacias o los kits para realizar la prueba en la comodidad del domicilio.

Aunque no se puede curar, sí existen tratamientos que permiten su control, impidiendo la replicación del virus y dejando la carga indetectable. La indetectabilidad significa que no hay presencia de virus en sangre y, por tanto, no se puede efectuar la transmisión por vía sexual, de ahí el mantra que las organizaciones no dejan de repetir: «Indetectable = intransmisible». Por debajo de una carga viral de 1000 copias, la probabilidad de transmisión es prácticamente nula.[9]

El hito de la indetectabilidad conlleva no desarrollar el sida, al quedar la infección en un estado latente. Mantener una carga viral indetectable permite, además, tener el sistema inmunológico funcional para hacer frente a los diversos retos planteados por nuestra salud.

Respecto a los tratamientos, hay una gran variedad. Son recetados y dispensados desde las Unidades de Enfermedades Infecciosas de los hospitales. Los hay orales (una pastilla al día) y otros de acción prolongada inyectable que hacen posible alcanzar una carga indetectable con dos inyecciones cada dos meses.

Estos medicamentos han convertido al VIH en una infección crónica con una esperanza de vida similar a la de

9 Broyles, L.N., Luo, R., Boeras, D., *et al. Lancet.* 2023;402(10400):464-471. doi: 10.1016/S0140-6736(23)00877-2. PMID: 37490935.

la población general, aunque al no impactar en los reservorios (lugar del organismo donde se quedan células con virus latente), en la actualidad no podemos hablar de una posible curación. A pesar de ello, la calidad de vida de las personas con VIH es muy alta.

VPH

El virus del papiloma humano (VPH), una de las ITS más comunes del mundo, pertenece a una familia de virus que afecta a la piel y las mucosas. Existen más de doscientas cepas y la mayoría son de bajo riesgo (causan verrugas genitales). Sin embargo, hay otras que se consideran de alto riesgo para el desarrollo de cáncer de cérvix, rectal y faríngeo.

La transmisión por vía sexual se puede dar fundamentalmente a través de sexo oral y penetraciones vaginales y anales sin métodos barrera, y también por contacto piel con piel. El uso de métodos barrera reduce la probabilidad de transmisión, pero no la evita en su totalidad. Hay una vacuna que previene de nueve tipos de VPH, entre los que se hallan los de alto riesgo.

A veces, el VPH puede no manifestar síntomas, mientras que en otras puede presentarse mediante verrugas o lesiones visibles con citologías o pruebas específicas. Dar positivo en alguna de las cepas no tiene por qué conllevar tener el virus de manera crónica, puesto que en ocasiones el sistema inmunológico hace que desaparezca. Aunque no existe cura, sí hay diversos tratamientos para las verrugas o lesiones a través de crioterapia, tratamientos tópicos o cirugía. En caso de tener alguna cepa de alto riesgo, es recomendable realizarse seguimientos periódicos con fines preventivos.

Hepatitis A, B y C

Enfermedad que afecta e inflama el hígado y que se divide en tres tipos:

Hepatitis A

La transmisión suele darse por ingerir alimentos regados con agua contaminada que no hayan sido desinfectados, ingerir alimentos manipulados sin medidas higiénicas o beber agua que haya estado en contacto con restos de heces infectadas. La transmisión sexual puede producirse a través del anilingus (estimulación del ano con la boca). Para prevenir la hepatitis A basta con utilizar métodos barrera o vacunarse.

Los síntomas que pueden aparecer son, entre otros, fiebre, fatiga, náuseas, dolor o molestias en la zona abdominal e ictericia (pigmentación amarillenta de la piel y los ojos). Hay personas que pasan la infección casi sin síntomas o tan leves que son imperceptibles. La enfermedad se cura por sí sola, dejando inmunizada a la persona.

Hepatitis B

Se transmite fundamentalmente a través de sangre y semen de la persona con la infección. A nivel sexual, la transmisión puede darse si hay penetración vaginal o anal sin métodos barrera y si se recibe la eyaculación en la boca.

También por compartir material de inyección. Como medidas de prevención se puede hacer uso de métodos barrera, evitar la eyaculación bucal o vacunarse.

En el caso de aparecer, los síntomas pueden ser similares a los de la hepatitis A. Aunque lo más frecuente es que se cure y se generen anticuerpos, esta modalidad sí puede ser crónica y afectar al hígado (cirrosis).

Hepatitis C

La principal vía de transmisión es mediante la sangre, en especial por el uso compartido de material de inyección o en prácticas sexuales en las que haya presencia de la misma (por ejemplo, el *fisting*). Como estrategia de prevención bastaría con usar métodos barrera (guantes y preservativos), así como no compartir material de inyección o juguetes sexuales sin preservativo para cada participante.

Los síntomas son similares a los de las otras hepatitis. Se calcula que una cuarta parte de las personas que adquieren la hepatitis C la vencen por sí solas, mientras que el resto tiende a cronificar. Hay un nuevo tratamiento, con menos efectos secundarios y una duración de entre ocho y doce semanas, que consta de antivirales de acción directa (AAD) y tiene menos efectos secundarios. Las personas que superan la infección pueden volver a adquirirla, ya que no genera inmunidad.

Mpox

La Mpox o viruela del mono es una infección causada por un tipo de virus de la viruela que se puede transmitir a través de fluidos, contacto con lesiones cutáneas, gotas que se producen al hablar, si se comparten utensilios que hayan estado en contacto con fluidos del virus (juguetes sexuales, pipas, «turulos») u objetos contaminados, como sábanas o toallas.

Entre los primeros síntomas, que aparecen entre siete y diecisiete días tras el contacto, se encuentran cansancio, dolor muscular o de garganta, fiebre y erupciones por el cuerpo, especialmente en la zona anogenital. La infección es transmisible desde la aparición de los primeros síntomas hasta la curación completa de las lesiones cutáneas (de dos a cuatro semanas).

En caso de dar positivo, se recomienda permanecer en aislamiento hasta que los síntomas hayan desaparecido, cubrir las lesiones cutáneas para evitar que entren en contacto con otras personas y no compartir objetos y utensilios que puedan suponer una vía para su transmisión. Se recomienda no mantener relaciones sexuales mientras se tengan síntomas y, una vez superados, usar preservativo al menos durante las doce semanas siguientes.

Existe una vacuna para la prevención (pre o postexposición) que consta de dos dosis separadas entre sí al menos por veintiocho días. La inmunización se alcanza pasados catorce días de la última dosis.

4.1.3. ITS de origen parasitario

Este grupo de infecciones están causadas por parásitos y son curables con tratamientos específicos. Las más comunes son:

Ladillas

Insectos que reciben el nombre de *Pthirus pubis* y pertenecen a la familia de los piojos. Se nutren de la sangre humana y se alojan en el vello corporal, en especial en la zona del pubis, pero también en las axilas o la barba.

Se transmiten principalmente por contacto sexual o estrecho, como compartir ropa de cama, toallas o ropa interior. Los síntomas incluyen picazón (sobre todo de noche), enrojecimiento y pequeñas manchas azuladas por las mordeduras. El tratamiento consiste en cremas con permetrina, que deben aplicarse una vez y repetirse después de una semana para eliminar las liendres. Se recomienda rasurar la zona afectada y lavar la ropa a alta temperatura.

Sarna

También conocida como escabiosis, es una infección producida por un ácaro subcutáneo llamado *Sarcoptes scabiei* que va cavando diminutos túneles bajo la piel, provocando molestias y picores cutáneos. Se transmite por contacto estrecho (uso compartido de ropa de cama o toallas) y sexual.

Entre los síntomas se encuentran surcos grisáceos en la piel, picazón y erupciones cutáneas. Estas suelen aparecer con más frecuencia en genitales, dedos, muñecas, codos y rodillas. El diagnóstico se realiza observando las lesiones y analizando el ácaro con un microscopio. El tratamiento puede incluir antiparasitarios orales, cremas y productos tópicos. Al igual que con las ladillas, se recomienda lavar la ropa de cama, baño e interior a alta temperatura.

4.2. ¿Qué debo hacer si creo que tengo una ITS?

En primer lugar, hacerte lo antes posible las pruebas que permitan un diagnóstico. Tienes diversas alternativas, desde la atención primaria, los centros especializados en ITS, las Unidades de Enfermedades Infecciosas de los hospitales o los *checkpoints* gestionados por asociaciones comunitarias. Además, existe la posibilidad de comprar autotest en farmacias o a través de las webs de algunos laboratorios. Los resultados te llegarán directamente a tu correo electrónico.

Hasta saber el diagnóstico, es recomendable no mantener encuentros sexuales y, en caso de dar positivo, esperar a recibir el tratamiento y a que este haya hecho efecto antes de retomar la actividad sexual. En el caso de que esto no sea una opción, trata de usar métodos barrera para reducir la probabilidad de transmisión. Si tomas tratamiento para alguna ITS, cumple las pautas descritas por los profesionales sanitarios y evita la automedicación, ya que podría agravar la situación inicial.

Si hemos recibido un diagnóstico positivo en alguna ITS, nos toca llevar a cabo un acto de fraternidad y cuidado mutuo llamando a todos nuestros contactos sexuales para informarles sobre la situación y animarles a que se hagan las pruebas pertinentes. A pesar de ser una situación incómoda, siempre se agradece y es la única manera de acabar con la cadena de transmisión. Es importante vencer la vergüenza: el tabú en torno a las ITS solo empeora las cosas.

4.3. ¿Cómo se pueden prevenir las ITS?

> «Somos tres, ¿te va? Morbo. Vicio. Colocón. Chemsex.
> ¿Condón? ¿Qué? BB.
> PrEP. Ven…»

Para prevenir las ITS tenemos muchas estrategias a nuestro alcance más allá del preservativo y desde ya te adelanto que la abstinencia no va a estar entre ellas.

Métodos barrera y lubricantes

Los métodos barrera, como los preservativos (para pene, vagina y cuadrantes de látex), actúan como parapetos físicos que reducen la transmisión de ITS durante el sexo. Su eficacia se estima en un 98 %, pero no son cien por cien seguros debido a posibles fallos, como roturas o deslizamientos, en especial si no se usan correctamente o con lubricantes adecuados. En cualquier caso, hablamos de sexo más seguro, no de sexo seguro con rotundidad.

Existen alternativas como el poliuretano para personas alérgicas al látex, y se pueden complementar con guantes en prácticas como el *fisting*. Los lubricantes, preferiblemente a base de agua o silicona, mejoran la penetración y reducen el riesgo de rotura. Aunque algunos consideran estos métodos obsoletos, siguen siendo la opción preferida por muchas personas y su uso debe ser respetado como parte del consentimiento durante las negociaciones sexuales.

PrEP (profilaxis preexposición al VIH)

La PrEP, disponible en España desde 2019, es un fármaco antirretroviral para la prevención del VIH en forma de una pastilla al día. No previene otras ITS y, por lo tanto, está dirigido a personas que no tienen VIH. La Agencia Europea del Medicamento ya ha aprobado la versión inyectable, pero aún no se encuentra disponible en nuestro país. Puede reducir el riesgo de adquirir el VIH en un 90 % entre personas seronegativas que lo tomen de la manera correcta.

Para acceder a la PrEP, puedes acudir a los centros de atención primaria para que valoren si eres candidato, es decir, si reúnes alguno de los siguientes requisitos en los últimos doce meses:

-Tener más de diez parejas sexuales.

-Haber tenido alguna ITS.

-Haber tomado profilaxis postexposición.

-No utilizar métodos barrera de manera sistemática.

-Practicar chemsex.

-Practicar *slam*.

Una vez superada la consulta inicial, si se reúnen los requisitos y se valora que eres candidato a tomar la PrEP, se te derivará a tu hospital de referencia, en el que, a través de la Unidad de Enfermedades Infecciosas, se procederá a realizar los primeros análisis para comprobar, entre otras cosas, que no tengas VIH. El tratamiento no solo consiste en tomarse una pastilla cada veinticuatro horas, sino en someterse a controles rutinarios cada tres meses en los que se hacen pruebas para el cribado de ITS y se verifica que el tratamiento no esté causando daños en el organismo.

Aunque el criterio aprobado por las instituciones españolas es la toma de la PrEP diaria, existen otras pautas, como a demanda (PrEP 2-1-1): dos pastillas entre las veinticuatro y las dos horas antes del contacto sexual, una pastilla veinticuatro horas después de la primera toma y otra cuarenta y ocho horas después de la toma inicial. Esta pauta no ha sido aprobada por el Ministerio de Sanidad, aunque sí por otras instituciones internacionales como la OMS. La PrEP es una estrategia estupenda para la prevención del VIH que, junto a otras acciones, está detrás de los datos esperanzadores para erradicar el VIH en España.

PPE (profilaxis postexposición al VIH)

Si no estás tomando PrEP y tu estado serológico es seronegativo, tienes una alternativa para los casos en los que se rompe el preservativo o no se ha utilizado (por cualquier motivo) y desconozcas el estado serológico de la persona con la que has tenido el encuentro sexual. En caso de que la persona tenga VIH y sea indetectable, la PPE no sería recomendable, porque, como bien sabemos, «indetectable = intransmisible».

La PPE, o profilaxis postexposición frente al VIH, es un tratamiento antirretroviral que previene la infección tras una exposición puntual con probabilidad de transmisión. Para acceder a ella, debes acudir a urgencias del hospital más cercano, donde los profesionales sanitarios valorarán si se debe iniciar la profilaxis, en base a un análisis de riesgos, dentro de las setenta y dos horas posteriores al encuentro (se aconseja acudir en las primeras seis horas; cuanto antes, mejor). El tratamiento se prolonga durante veintiocho días, y después se realizarán una serie de controles para garantizar que ha sido efectivo, descartar cualquier otra ITS y controlar los efectos secundarios.

Conviene recordar que, aunque esta profilaxis es muy eficaz, no elimina por completo el riesgo de transmisión del VIH y, por supuesto, no es eficaz para prevenir otras ITS.

Vacunas

Como ya hemos comentado, hay vacunas frente al VPH, las hepatitis A y B y el Mpox. Puedes acudir a tu centro de atención primaria para informarte o contactar con cualquiera de las organizaciones comunitarias que aparecen en la guía de recursos al final del libro.

Detección precoz de ITS y tratamiento adecuado

La realización periódica de pruebas diagnósticas de ITS y su tratamiento en caso de recibir un diagnóstico es también una medida que permite cortar las cadenas de transmisión. Por ello, es recomendable realizarse chequeos rutinarios de ITS, dependiendo de nuestra actividad sexual, una vez al año o cada seis o tres meses (por ejemplo, si somos trabajadores sexuales). Hay que recordar que las ITS pueden ser asintomáticas y pueden generar complicaciones en nuestra salud si no son tratadas, además de contribuir a su propagación.

Como ves, tenemos diversas opciones para la prevención de ITS. La idea es que, como personas adultas, podamos elegir cuál es la que más se ajusta a nuestras necesidades en cada momento. Lo importante es apostar de manera genuina por la que queramos sin sentirnos presionados por el contexto, aunque esto pueda resultar complicado.

4.4. ¿Qué es la DoxyPEP?

Es el uso del antibiótico doxiciclina como profilaxis postexposición (PEP) para prevenir ITS bacterianas (sífilis, clamidia y, en menor grado, gonorrea) después de un encuentro sexual. En 2024, los Centros para el Control y la Prevención de Enfermedades de Estados Unidos (CDC, en sus siglas en inglés) incluyeron este tratamiento como recomendación preliminar para su uso en el colectivo de GBHSH (gais, bisexuales, hombres que tienen sexo con hombres) y mujeres trans con alta vulnerabilidad para las ITS. Aunque la doxiciclina está aprobada para tratar diversas infecciones bacterianas, su uso específico como DoxyPEP aún no ha sido aprobado en Europa.

4.5. ¿Qué prácticas *kink* se pueden dar en un chill?

> «Como ayer, que después de unas horas ya éramos ocho y estábamos en acción: José le estaba comiendo la polla a tres. Desconocidos. A la vez. Yo me estaba follando a otro mientras miraba el Grindr»

Las prácticas *kink* son actividades sexuales y eróticas no convencionales o normativas cuyo objeto es el placer de los participantes. Aquí encontramos, entre otras, juegos de roles, fetiches o prácticas englobadas dentro del BDSM, como *cum dump*, meos, dobles penetraciones, *fisting*, dinámicas de dominación y sumisión, *scat*, *glory hole*, anon o *pet play*.

Aunque el BDSM y las prácticas *kink* tienen unas normas claras (consentimiento, confianza y seguridad) que conviene pactar y desarrollar desde la sobriedad, en el ámbito del chemsex tienden a realizarse con el consumo de sustancias y, a menudo, de manera improvisada. Por ello, es de vital importancia situar el consentimiento y la comunicación constante en el centro de todo encuentro sexual. Es necesario emanciparse de los prejuicios normativos para encontrar en lo *kink* una fuente inagotable de placer.

4.6. ¿Qué significa indetectable = intransmisible?

Las personas con VIH que siguen correctamente el tratamiento antirretroviral pueden lograr una carga viral indetectable, lo que significa que no transmiten el virus a sus parejas sexuales. Diversos estudios, como HPTN 052, PARTNER 1 y PARTNER 2, confirmaron que no hubo transmisiones en parejas serodiscordantes cuando la persona con VIH tenía carga viral indetectable.

En 2018, la OMS respaldó esta evidencia con el mensaje «indetectable = intransmisible», afirmando que es un hecho científico, no una opinión. Este avance ha permitido reducir el estigma y mejorar la calidad de vida de las personas con VIH, aunque se insiste en que el respeto y la no discriminación no deberían depender del estado de salud de nadie.

4.7. ¿Qué es el consentimiento?

> «¿Nos lo follamos? Inconsciente... entregado... pura carne...
> Yo avisé... El que dobla... es del grupo»

Entendemos por consentimiento el acuerdo entre las partes a la hora de participar en determinados encuentros sexuales. Es necesario conocer previamente si las personas con las que queremos relacionarnos lo desean y acceden a ello. En este punto se requiere de la mayor honestidad para expresar qué tipo de práctica queremos mantener (ser penetrados, por ejemplo) y cómo llevarla a cabo (con o sin métodos barrera, delante de otras personas, en privado, etc.).

A menudo, el tabú en torno a la sexualidad, y en especial en lo que tiene que ver con lo *kink*, dificulta nuestra capacidad para comunicarnos con sentimientos como la vergüenza o la culpa. El autoconocimiento nos permite saber lo que queremos —y lo que no queremos, que casi es más importante— y cómo deseamos ejecutarlo para contárselo a las personas con quienes vamos a relacionarnos sexualmente. Es un primer paso del propio consentimiento, una manera de poner las cartas sobre la mesa y evitar situaciones incómodas o de violencia.

A través de esta comunicación inicial, que deberá prolongarse durante el encuentro, los participantes conocerán sus límites y deseos, para que sean respetados en todo momento. Nunca debemos perder de vista que, aunque mantengamos sexo anónimo, en grupo o estemos en un chill, interactuamos con seres humanos.

El consentimiento debe reunir estas características:

Claro y explícito. Yo no puedo interpretar que tú deseas iniciar y mantener un encuentro sexual: debo recibir una aprobación explícita y clara por tu parte, ya sea verbal o no verbal a través de gestos o del lenguaje corporal positivo, algo muy común en espacios como cuartos oscuros o *glory holes*. Si en estos contextos la persona evita cualquier contacto visual, no se muestra receptiva o impide el contacto físico, te está expresando que no desea tener sexo contigo.

Informado. El consentimiento pleno se otorga cuando se tiene la información clara tanto de la práctica que se pretende realizar como de su desarrollo; por ejemplo, puedo consentir una penetración anal, pero no hacerlo delante de los otros participantes del chill o que esta sea sin condón.

Sin presiones. El consentimiento se tiene que dar en un espacio en el que no haya miedo a represalias, desigualdad, manipulación o coacción.

Libre y consciente. El consentimiento debe ser otorgado desde la plena capacidad para tomar decisiones de manera clara. Este punto supone un desafío cuando se hace uso sexualizado de sustancias al entrar en juego la alteración del juicio o de la percepción del riesgo, la pérdida de memoria (*blackout*), la psicosis tóxica o la pérdida de conciencia.

Específico. Cada práctica requiere de su propio consentimiento. La comunicación entre los participantes debe ser constante, tanto antes como durante y después del sexo.

Reversible. El consentimiento se puede retirar en cualquier momento, ya sea porque no quieres seguir con dicha actividad sexual, sientes incomodidad o has cambiado de idea. Los hombres gais no tenemos interiorizado este concepto y, a menudo, preferimos terminar lo antes posible el encuentro sexual en vez de detenerlo por falta de habilidades de comunicación o temor a incomodar a nuestras parejas sexuales.

Empecemos a escuchar tanto a nuestro cuerpo como al de las personas con las que interactuamos eróticamente.

4.8. Los testimonios de Ricardo y José: un faro en la inmensidad

Existe mucho material escrito sobre el chemsex, aunque generalmente enfocado desde una perspectiva profesional. De este modo, tenemos a nuestro alcance guías, folletos, páginas web, *papers*, formaciones y otros documentos técnicos que abordan esta realidad. La literatura científica ha tratado de dar respuestas a las grandes cuestiones del chemsex; a nivel nacional y global, se ha intentado describir a las personas que lo practican, conocer cuáles son las sustancias más consumidas o las posibles motivaciones, ofreciendo estrategias para una adecuada detección e intervención con personas que pueden tener un consumo problemático.

Pero este material, aunque esencial para elaborar cualquier respuesta eficaz frente a la crisis aguda que vivimos en torno al chemsex, carece de «piel». Abundan perfiles profesionales con grandes conocimientos sobre el mundo del chemsex, pero que nunca han ido a un chill. Es una realidad que parece que no les atraviesa.

Quizá por este motivo he querido que este libro incluya varios testimonios, historias reales que doten de humanidad a toda la información que se ha descrito en las páginas anteriores. Me parece, además, que estos testimonios son una hermosa manera de cerrar el círculo de esta obra que se inicia desde la ficción con el viaje que realiza Paco al mundo del chemsex. Ricardo y José han tenido la generosidad de compartir una experiencia íntima y traumática sobre algo que casi les cuesta la vida.

Desde aquí quiero agradecer a todos aquellos hombres que han dado un paso adelante haciéndose visibles para compartir sus vivencias con las adicciones en el chemsex, bien a través de sus propias redes sociales o en colaboración con organizaciones comunitarias, en especial Imagina. Para proteger su identidad, no los nombraré, pero ellos saben quiénes son. Gracias, chicos.

Su generosidad y resiliencia permiten humanizar un problema que, para muchas personas, es algo abstracto. Tiene un profundo valor mostrarse a la luz, desafiando tantos estigmas, para convertirse en referentes para otros compañeros que se hallan desorientados, inmersos en su proceso frente a las adicciones o el consumo problemático.

Es muy importante mostrar ejemplos de personas que han atravesado ese túnel y encontraron una salida al chemsex. No solo son ejemplo vivo de que puede haber un mañana, de que es posible recobrar la calma y volver a tener proyectos que ilusionen, sino que, además, forman parte de una respuesta comunitaria, ayudando a otros en el proceso de mejoría. Esto es de suma relevancia: somos comunidad y todos nos necesitamos en un mundo que, a menudo, tiende a ser hostil con el colectivo.

Conocí a Ricardo una tarde en Imagina. Es un hombre de cuarenta y ocho años, alto y elegante, no solo en su forma de vestir, sino también en su manera de relacionarse. Llegó hace años a Madrid desde Castilla-La Mancha para crecer en lo personal. A José lo conocí a través de un gran amigo al poco de que se trasladara a Madrid desde el norte de España, con treinta y pocos años. Ricardo y José, como tantas otras personas LGTBIAQ+, llegaron a a la capital procedentes de sus pueblos, lugares que se les quedaron pequeños, en un peregrinaje hacia urbes con más oportunidades.

Desde el primer momento en que esbocé la estructura de esta guía, tuve claro que iba a incluir testimonios. Todas las obras que he escrito vienen respaldadas por vivencias reales. Y entre todas las historias que han compartido conmigo un sinfín de personas, entre todos los amigos o amantes que he tenido y que han atravesado situaciones complicadas dentro del chemsex, supe que estas páginas estarían reservadas para voces como las de Ricardo y José.

Ambos han demostrado una vez más su generosidad accediendo a escribir las cartas que vas a leer a continuación. Solo tenían dos premisas: la primera es que disponían de libertad absoluta para escribir sobre lo que quisieran de su proceso, y la segunda, que los textos no supusieran la reapertura de ninguna herida emocional demasiado profunda. No quería que este ejercicio fuese un obstáculo, sino más bien lo contrario. La idea fue escribir una carta a su yo del pasado y a los lectores de este libro, como un mensaje dentro de una botella. Una oportunidad para contar al mundo parte de su biografía y compartir sus impresiones desde el punto en el que se encuentran en la actualidad.

Las experiencias de ambos ejemplifican cómo la adicción es un laberinto en el que, a veces, desorientarse y quedarse atrapado resulta más fácil de lo que uno podría pensar. Por supuesto, sus testimonios también demuestran cómo, a pesar de haber atravesado un verdadero infierno, se puede salir de él conquistando una nueva vida.

El testimonio de Ricardo

Hola, Ricardo:

Hoy mi psicólogo me ha dado el alta por consumo, aunque creo que ambos sabemos que este camino no ha terminado. Como decía Kavafis: «Te deseo que el camino sea largo», aunque, joder con el camino...

Todo comenzó cuando me quedé soltero a los cuarenta años y descubrí las apps de citas. Un día me trasladé desde mi pueblo, próximo a Madrid, a casa de un tío por el puente de Segovia con el que iba a pasar la noche (en plan de sesión, pero sin *slam*). A la hora y pico, él empezó a rayarse y a decir que yo no era como aparentaba en la foto, que le había mentido, y terminó echándome de su casa. Me quedé solo, colocado, sin ganas de coger el coche y con la necesidad de ir a algún sitio donde se me pasara el pedo.

Entonces, un chaval me escribió por la app diciéndome que estaba en un apartamento por la zona de Santo Domingo y que fuera con él, que no quería sesión con nadie más. Cuando llegué allí, me encontré con un piso impresionantemente blanco, limpísimo. A los cinco minutos de abrir la puerta, me dijo: «Pruébalo, verás qué subidón». Y una vez tumbado con el brazo extendido, me dejé llevar.

Mi primer pincho fue con alguien superaséptico, todo estaba muy limpio y con medidas de higiene. Me dijo: «Túmbate, te hago el torniquete, te pincho». Yo pensaba que todo era así. Esa fue la primera vez que hice *slam* estando de sesión. Y llegué allí, básicamente, por desesperación, por no tener dónde ir o no saber dónde ir. Y ya te da igual quién te diga «ven». La cuestión es que esa noche me eligió a mí, para iniciarme en ese rito que ahora nos atrapa. Nos convierten, sin quererlo, en parte de esa comunidad que, como los vampiros, escoge a aquellos que serán los afortunados en mantener la estirpe: los futuros yonquis del chill.

No sabría decirte cuántos planes, cuántos chicos o cuánto amor hay entre esas paredes. Proyectos que nunca se harán realidad y cafés que nunca se tomarán. Teléfonos que caen en la agenda oculta.

Y la cruda realidad: cuando conoces a alguien interesante, por fin quedas. Pasan unos días, unas semanas, incluso meses, y te haces ilusiones de que quizás ya no necesites volver a esas paredes de ilusiones vacías. Que ya encontraste a alguien con quien compartir la luz del sol durante el día. Pero no seas iluso, amigo Ricardo. Recuerda siempre que lo que el chill te da, el chill te lo quita.

En los chills hay gente superinteresante y superatractiva. Gente que a mí me hubiera gustado seguir conociendo. De hecho, a veces quedábamos una semana, a veces días, a veces meses. Incluso alguna pareja ha salido de un chill. Pero, efectivamente, toda esa gente, al igual que yo, deja esas relaciones afectivas o de amistad por hacer chills. Quedas con alguien un fin de semana para hacer un plan por el Retiro o lo que sea, y al final te los va cancelando. Descubres que, en lugar de ir donde te había dicho, estaba en un chill o en la sauna.

En mi caso, decidí tener pareja únicamente para aliviar la necesidad de practicar sesiones y *slam*. Para eliminar de la ecuación esas noches y esos falsos proyectos. Conocer gente que, aunque ni siquiera te parece atractiva ni es tu tipo, te hace caso sin ir drogada.

Te echas un novio, y otro, y otro... Al principio todo es como te imaginas, pero tu cabeza quiere sentir ese subidón, esa sensación del primer pincho. La misma que aquella mañana te cambió la vida.

Para mí, una señal de alarma muy gorda fue la noche en la que tuve un accidente. Reventé el coche llegando a mi casa porque venía hasta arriba de GHB. En el accidente me jodí los dos brazos. Y yo seguí consumiendo. Para mí fue una *red flag*: me di cuenta de que el consumo ya no era tan lúdico, sino que me dominaba en los momentos en los que no tenía que trabajar o tenía el fin de semana libre. Hay que ponerse en situación: todos los fines de semana yo curraba, con lo cual mi entorno social, que los tenía libres, al final dejó de contar conmigo cuando venía a Madrid. Y bueno, vas haciendo amistades que se reúnen entre semana en casa de uno o de otro... Más de lo mismo. Un círculo cerrado, la agenda del chill.

Esto se complicó aún más cuando acabé perdiendo el trabajo. Cómo no. Porque al final empiezas a tener un mal rendimiento laboral, y eso lleva a que, de alguna forma, prescindan de ti. Así es como me di cuenta de que necesitaba ayuda.

A Imagina llegué tras la pandemia, hace cuatro años, después de una relación de pareja muy tóxica. A pesar de haber conseguido todo —un buen trabajo, capacidad económica, social y afectiva—, en realidad yo no era feliz. Y esa infelicidad me movía hacia el consumo. Tomé conciencia de que mis consumos eran única y exclusivamente para evadirme, y esa fue la práctica que me alarmó. Porque yo tenía una actividad social, quedaba con mi familia, tenía aficiones, hacía cosas, iba al gimnasio... pero no era feliz. Y ese grado de infelicidad hacía que el consumo fuese evasivo, que me encerrara en mi burbuja, en mi mundo, en el que yo, y solo yo, era feliz.

Una vez más, te drogas y vuelves a ser infeliz. Y un día que buscaba un baño para meterme una raya, vi un cartel de Imagina, una asociación que ayuda a gente con consumo. Usan como reclamo la cantidad de cosas que has dejado de hacer por estar en un chill. Ese día, supertrinchadísimo, iba a meterme un par de rayas y a seguir de fiesta, pero vi el cartel.

Pero, Ricardo, los dos sabemos lo difícil que es pedir ayuda. Significa admitir que tienes un problema. Pero estaba tan jodido que pensé: «No puedo ir a peor de como estoy ahora. Voy a escribirles». Le dije a mi pareja que iba a buscar ayuda tras un fin de semana en el que lo pasé francamente mal. Él se había ido de fiesta y yo, en una de «y yo más», me ahogué. Me puse hasta el culo, supongo que por despecho. Así que le dije que iba a buscar ayuda.

Al principio, acudía con muchos prejuicios. Solo quería dejar de consumir. Pero el psicólogo comenzó a abrir pequeños melones y pequeñas grietas que yo tenía. Juntos descubrimos que mis consumos estaban asociados a una mecánica social, a un estrés, a una soledad que me empujaba al mismo. Mi consumo, tanto de *slam* como de coca, mefe o de lo que fuera, no perseguía las ganas de follar. Ese no era el objetivo. Era la evasión.

Cuando llegué a Imagina, descubrí una visión del consumo sin prejuicios. Empezamos a hablar de estigmas, de *slam*, de adicción, de entornos seguros. Y todo esto no es fácil hasta que alguien te ofrece un espacio seguro. Lo más complicado fue decir: «Hago *slam*», «tengo un consumo», «tengo un problema», «tengo una adicción».

Cuando era más crío, todo el mundo pensaba que me drogaba y solo era mi naturaleza inquieta. Obviamente, me daba igual lo que creyeran. Ahora, de mayor y con los estigmas en los brazos, ya no puedo negarlo.

Lo curioso de todo esto, y en la distancia, es que intenté ser normal cuando en realidad no lo era. Intenté encajar en un mundo, una noche y un ambiente solo por parecer uno más. Cuando, en realidad, lo único que quería es, como Thoreau, sentir que he vivido.

Ricardo: no es fácil mirarte al espejo y ver algo que no quieres ver, pero que no te queda más remedio que mirar. He aprendido a decir palabras tabú en mi mente: estigma, *slam*, adicto, ayuda... Y a avanzar con los pies atados por muchos complejos, por muchos prejuicios que no me había puesto nadie; me los había puesto yo mismo.

A la gente que tiene un consumo problemático, lo primero que le invitaría es a hacer el test de las cinco cosas que pueden suponer que tienes un problema. Por ejemplo, si enciendes el Grindr y te vas a follar a la casa de uno que tiene mefe, si estás preguntando si hace *slam* o no, si tienen chuches o tema, si dejas de ir a trabajar o si dejas de hacer alguna actividad con amigos por estar de chill, si la última película que viste fue hace cinco años, si no sabes follar sin drogas... Si haces los cinco *check*, posiblemente tengas un problema.

Cada cierto tiempo mírate al espejo y pregúntate esto que te he planteado: ¿cuándo fue la última vez que follaste sin drogarte? ¿Cuándo fue la última vez que te corriste disfrutando? ¿Cuándo fue la última vez que amaste? ¿Cuándo fue la última vez que dejaste de hacer una actividad por irte de chill? ¿Cuándo fue tu último chill? ¿Cuándo fue la última vez que pillaste? ¿Cuántos teléfonos tienes de sesión o de chill? ¿Cuántos teléfonos tienes de camellos? Tienes que mirarte y verte a ti mismo al desnudo.

Hoy, Ricardo, puedo escribirte esta carta que me ha removido más de lo que imaginaba, pero lo que no mata engorda y he decidido avanzar.

El testimonio de José

Querido yo:

Hacía mucho tiempo que quería escribirte esta carta, y ya me disculparás que no lo haya hecho antes, pero era necesario cicatrizar algunas heridas y sentirme lo suficientemente fuerte. Quiero que sea una carta de amor a mí mismo, de crítica y, un poco también, de autocuidado. Son tantas las cosas que quiero decirte, y tan diferentes... Porque no es lo mismo lo que le diría al yo del pasado que al del pasado-pasado o al del futuro; y es que hemos cambiado tanto... y más que vamos a cambiar.

A ese yo del pasado-pasado, el que llegó a Madrid por primera vez en 2017: te marchaste de tu tierra para escapar del estigma del VIH, confiando en que Madrid te daría el anonimato que necesitabas o la libertad de ser lo que quisieras. Gran parte de eso te lo dio esa maravillosa ciudad, y mucho más, pero, como decía un gran amigo nuestro, Madrid es esa puta de lujo que te da tanto como te quita, hasta dejarte sin blanca y con ganas de más. Te diría que tuvieras cuidado, que sí, que en la vida hay que probarlo todo, pero que ese todo te va a gustar demasiado y te pasará una factura que aún estás pagando.

Qué importantes son esas primeras veces, como hitos que te van llevando hacia la meta, sea cual sea esta: la primera punta, la primera pastilla, el primer chorri... el primer cuarto oscuro, la primera fiesta de sexo, el primer chill, el primer macrochill... En teoría, cuando pruebas algo por primera vez y te gusta, las siguientes veces son un intento de recrear aquella primera vez o, si se puede, superar lo que se sintió. Así nos sentíamos: intentando cada vez ir un paso más allá, conseguir sensaciones más intensas o extremas. Aburrirse de todo y buscar siempre algo más, algo mejor.

Qué divertidas esas noches de cervezas en El Tigre con los colegas, antes de ir de copas a algún garito de Chueca o acabar en una discoteca, esa excitación provocada por lo prohibido y lo sexual, puntas de mefe u otras veces de keta en el baño, o un trocito de pastilla para luego flipar con las luces del local de turno. A veces un morreo en la cabina del baño, otras, algo más, siempre cargado de morbo y ganas de vivirlo todo y muy rápido.

A ese yo del pasado-pasado: ten cuidado, no trivialices tanto lo que haces. El «yo controlo», el «no es para tanto»... El mayor problema de las drogas es que son buenas... no, son cojonudas. Tanto es así que te acabarán absorbiendo. El «yo controlo» se acabará cuando algo en tu vida se rompa y tu equilibrio mental desaparezca (si en verdad existió en algún momento), y eso ocurrirá con el COVID, con el confinamiento y con toda esa mierda. Qué rápido se cayó el castillo que te habías montado.

Querido yo del pasado más cercano, el de 2020: miro atrás y siento verdadera pena por la oscuridad en la que te embarcaste. ¿Cuándo se torció todo? Podríamos echarle la culpa a ese maldito COVID, a la ansiedad que nos generó, a estar encerrado en una casa sin prácticamente luz con dos bellísimas personas, pero con el mismo problema que tú tenías, donde todo se compartía, hasta los hombres. Podríamos culpar a la situación, pero esta solo fue el detonante de algo que ya se venía cocinando a fuego lento.

Aunque el COVID aceleró la caída, ya existía ese problema. Tal es así que, cuando las cosas con A.I.D. se empezaron a poner serias, sacrificaste una relación maravillosa por la necesidad de consumir, y allí todavía no había llegado la pandemia. Tú lo justificaste diciéndote que no sentías el suficiente amor como para continuar esa relación y que le acabarías haciendo más daño, por lo que era mejor cortar. En realidad, no estabas dispuesto a que siguiera controlando tu consumo, a que te limitara el uso, pues, como él decía, prefería un novio bajo control que un novio muerto. Eso fue una auténtica cagada, pero a toro pasado... Cuando esa relación terminó, ya no había barreras para que todo se fuera de las manos, como así ocurrió. Entonces, ya sí, llegó el COVID.

Dicen que cada persona tiene su droga, y creo que es cierto. Tú tienes el problema de que TODO, absolutamente TODO, te sienta bien, así que el policonsumo era interesante: coca, *speed*, cristal, GHB, ketamina y sucedáneos. Menos el alcohol, que te sienta fatal. Si tuvieras que elegir una droga, siempre fue la mefedrona.

Gracias a Dios, nunca te enganchaste a la tina... He visto cómo destruía muchas cabezas y cuerpos. Que, vamos a ver, todas las drogas son destructivas, pero esa en concreto… Dentro del mundo de los chills se acaba creando una especie de clases sociales dependiendo de cuáles sean las drogas que consumes y la forma de hacerlo.

Nos encontramos a los «sanos», que no se meten nada pero que les mola el rollo de los chills: mucho sexo gratis con pibonazos a veces impresionantes. Algunos de estos incluso lo hacen con condón, lo cual, en este mundo de «apeleras», hace que muchas veces ni se les invite al evento. Porque, como decía un coleguilla de chill de aquel entonces: «A pelo porque lo quiero». Con el tiempo, gran parte de estos sanotes acabarán cayendo, ya sea consumiendo o dejando el condón, o las dos cosas, aunque solo sea por la aceptación de los demás en el hermético entramado social de la sesión.

Si algún que otro conocido me viera llamar sesión a los chills, me echaría la bronca: «No es una sesión, es un chill». ¿Cuál es la diferencia? Según ellos, en el chill se estaba de buen rollo, era algo más que follar, porque también era relacionarse, divertirse, hablar, hacer el tonto… Una especie de evento social en el que estaba permitido tener sexo si se quería. Luego distinguían entre guarrichill o amichill, dependiendo de la intensidad de la carga sexual del evento. En definitiva, era una forma de resignificar lo que antes se llamaba sesión, que les parecía un término demasiado fuerte, y no querían compararse con esos tíos que iban de sesión; eso era algo más oscuro y pernicioso.

Volviendo a esas clases sociales del chill, luego están las «tineras», que consumen metanfetamina en pipa y acaban muy mal de la cabeza. A cuántos he visto perder el norte… La clase social más baja, la que todo el mundo repudia, son los «slameros». Estos son los que se inyectan vía intravenosa, a veces mefedrona, otras tina, otras las mezclan, incluso a veces con un poco de ketamina... como jugar a la clase de pociones de Harry Potter. En realidad, son la clase más baja porque, entre los drogadictos, siempre es necesario tener a alguien que esté peor que tú, o más perdido, para no sentirte tan mal contigo mismo y con tu adicción. Pero, en realidad, es el mismo perro con distinto collar. Además, nadie empieza a drogarse con una jeringa, sino que se trata de un proceso progresivo de aceptación del consumo.

Querido yo del pasado, en ese mundo acabaste. Si el mundo de los chills tenía cierto hermetismo, el del *slam* era un mundo aparte lleno de secretos, de «que no se entere nadie». Recuerdo aquella primera vez, con ciertas lagunas. Estaba en un chill con tíos espectaculares, colocados como piojos. Yo no me había dado cuenta, ni nadie me había informado antes de llegar, de que todos se estaban pinchando... hasta que ellos me lo confesaron y me preguntaron si quería probar. En ese momento, entre la presión del grupo, el colocón que llevaba y la falta de barreras mentales, pues dije que sí. Según escribo estas líneas, mi cuerpo deja de obedecerme y, al recordar las sensaciones de esa primera vez o de las siguientes, aún se excita, da vuelcos el estómago y siento el nerviosismo. Esta sensación, aunque se haya atenuado con el tiempo, creo que jamás desaparecerá del todo.

Lo que ocurrió en las siguientes setenta y dos horas no lo tengo muy claro. Recuerdo que volviste a ser tú, miraste tus brazos doloridos, llenos de marcas de pinchazos y moretones. Allí te echaste a llorar porque no sabías qué más hacer. Te dolía todo el cuerpo. Lo hiciste bien en ese momento.

Escribiste a J.A., tu mentor, casi como un padre (aunque él odiaba que le dijeras eso). Enseguida llamó y preguntó:

—¿Dónde estás?

—En casa.

—¿Estás solo?

—Sí.

—¿Tienes fuerzas para salir de ahí?

—Creo que sí.

—Ven a casa entonces y hablaremos con calma.

La conversación fue larga, o yo la recuerdo eterna. Tras la misma, te dijo que no creía que hubieras tocado fondo, que hasta que no tocaras fondo no serías capaz de superar el problema. Eso te dejó pasmado... ¿Cómo que no había tocado fondo? ¡Si en ese momento sentías que tu vida se acababa! ¡Qué razón tenía! En ese momento estabas pasando por un mono como un caballo, tras el atracón de «pinchitos». Pronto se pasaría y volverías a la carga. Y solo tras eso, llegó el COVID y caímos en picado.

El consumo pasó a ser diario. Aunque teletrabajabas, te daba igual, pasabas el día bien puesto. Cuando no estabas de chill pasando del trabajo estabas «gestionándolo» desde el mismo chill. Creías que en el trabajo no se habían dado cuenta, pero todos observaban tus pasos con preocupación. Ya no eras tú, te había cambiado hasta la personalidad.

Nunca llegaste a prostituirte, pero casi. Intercambiabas tiros por sexo, a veces con gente con la que nunca habrías estado, a veces asumiendo prácticas sexuales que, en condiciones normales, no habrías hecho. Otras veces no eras consciente de que las estabas realizando porque estabas fuera de ti. Otras eras el benefactor, intercambiando tema por sexo con tíos muy por encima de tu alcance.

Un día te miraste al espejo, ese cuerpo ajado, donde ya se notaban las costillas, y te dijiste a ti mismo: «Te queda poco, pronto vas a morir». Creo que ahí fue cuando tocaste fondo. En ese momento contactaste con Imagina MÁS, por intermediación de un amigo, y tuviste tu primera cita con el psicólogo.

Qué mala opción es que te den cita con el psicólogo un lunes para un problema de consumo. Fueron pocas las veces que fuiste sobrio a esas citas. De ahí también te derivaron al Centro de Atención a las Adicciones (CAD). Creo que al CAD le sacaste más provecho que al psicólogo... Ahí te recetaban ansiolíticos, en teoría para que los tomaras con la finalidad de disminuir las ansias por consumir... Tú los usabas para rebajar el colocón cuando ya no querías seguir colocado o para cuando necesitabas dormir; un mal uso, por supuesto.

Sí es cierto que te dieron varias pautas para seguir adelante y empezar el proceso de desintoxicación: tenías que eliminar de tu vida todo aquello que te incitara a consumir, incluyendo personas. Bloquea gente y elimínala para no tener la tentación de llamarla. Cambia de hábitos, de ambientes... Abandonaste la casa donde estás viviendo; no te hacía bien vivir con personas con las que compartías el vicio, incluso con las que compartías los chills y los follamigos...

Fuiste a vivir a casa de J.A. Él ejercía el necesario control en ese momento. Su casa era un lugar seguro, donde no era posible consumir, donde no estaba permitido llegar colocado. Era ir de su casa al trabajo y del trabajo a casa; cuando tenías cita con el psicólogo o en el CAD, tus movimientos estaban controlados. El Grindr estaba prohibido, aún más el MachoBB. No bebías ni una triste cerveza, ya que podría ser la puerta de entrada para caer de nuevo en la adicción.

Al principio fue un régimen espartano, para poco a poco, según se veían progresos, ir relajándolo. Recuperaste peso, ya no se te veían las costillas. Fueron dos meses de recuperación que te sentaron genial. Pero la casa era pequeña, y tú creías que ya habías superado el problema. Así que decidiste irte a vivir solo.

¡MALA IDEA!

Querido yo del pasado: la recaída fue grande, y ahora disponías de una casa para ti, donde llegar a los extremos del colocón, solo o acompañado, ya daba igual. Las viejas compañías fueron volviendo y todos los pasos avanzados fueron retrocedidos.

Entonces tomaste por fin la decisión que te salvaría la vida: huir, abandonarlo todo. Desaparecer. En cuestión de dos semanas, dejaste el trabajo, te despediste de quien merecía la pena despedirte, hiciste una mudanza y te marchaste; y todo eso con un enorme absceso en el pie, fruto del último pinchazo que se te infectó. Sí, al final te tienes que pinchar en sitios poco convencionales porque ya no consigues encontrar una vena en tus brazos. Recuerdo una ocasión en la clínica Sandoval, cuando el enfermero me fue a sacar sangre y se quedó horrorizado porque no encontraba de dónde extraerla, con un cuerpo lleno de marcas, flebitis e infecciones. Al final tuvo que hacerlo del cuello. Él comentó en ese momento que cada vez venía más gente en esa situación, la cual no se vivía desde los noventa con la heroína.

Y todo fue volver. Volver a casa de mamá, el sitio más seguro que conocías, aunque tuvieras tus diferencias con ella. El lugar donde podías esconderte de todo lo que te perseguía e intentar reconstruir el puzle. Benditas madres, lo que significan y hacen por sus hijos, incluso a veces sin saberlo. Volver a esos lugares de infancia y adolescencia, que funcionarían como lugares de sanación, como refugio para lamerse las heridas y cicatrizarlas.

Un amigo del pasado te recriminó que no podías huir constantemente de los problemas, que había que afrontarlos. Ahora bien, cuando no se tienen los recursos necesarios para luchar contra ellos, ¿no es lícita la huida para luchar con más fuerza mañana? Sea como fuere, funcionó y, no nos engañemos, ha habido recaídas, como aquel fin de semana que fuiste a Madrid y te volviste loco, o aquel día que te dio por comprar la mefe y las jeringas por internet y acabaste colocado en la boda de tu hermana. Por suerte, nadie se dio cuenta de todo eso, o eso es lo que creemos. Las recaídas forman parte del proceso; lo importante es volver a levantar cabeza, decirte a ti mismo: «Ha pasado, ahora supéralo y continúa». A día de hoy, puedes decir que ya son dos años sin la mefe en tu vida.

Hablo ahora contigo, querido yo del presente: si de algo estoy orgulloso es de que hayas salido de todo eso. No te ha resultado fácil, y en el proceso se ha creado mucho dolor. Muchas veces veo cómo te sientes culpable por haber dejado a tantas personas atrás. Abandonaste una vida con gente buena y a otras personas perdidas a las que no volviste para ayudar. Algunas de estas lo entendieron, era tu momento para ser egoísta, para luchar por sobrevivir. Te dieron tu espacio y te ayudaron a escapar, deseándote suerte en tu nueva vida. Otras jamás lo entenderán y te vieron como un cobarde. Quizás deberías verte como un valiente que quemó las naves y se embarcó en una nueva vida.

Querido yo del presente: qué duro fue dejarlo todo atrás, cuando ya tenías unos proyectos de vida, laborales y personales, soñados y encaminados. Te tocó volver con el rabo entre las piernas. Ahora no retrocederías, pues ves esos sueños y aspiraciones como algo lejano, ajeno a ti. La persona que vivía esa vida ya no está aquí. Con este volver al más puro estilo de Estrella Morente, conseguirás reconciliarte con muchas cosas de tu pasado aún más lejano.

Has reconstruido tu vida como mejor has podido o sabido, y eso es lo que importa. Mirar hacia delante y tener un proyecto vital que te ilusione para seguir sintiendo que merece la pena continuar.

Querido yo del presente: por fin has reaprendido a follar. Hubo un tiempo en el que, si no estabas colocado, eras incapaz de tener sexo. Las drogas te hacían apasionado, seguro de ti mismo; también hacían más atractivos a los tíos con los que estabas. Sin ellas, volvieron las inseguridades y un cierto asco por el acto sexual. Además, las sensaciones no son las mismas, no son tan extremas. Sin embargo, has redescubierto la intimidad frente al sexo en grupo, la caricia cargada de afecto frente a la sumisión. El tener sexo de otra manera, más afectiva. Gracias, C.L., por ello.

Querido yo del futuro: no hay día sin línea. No eres un exconsumidor, solo estás en remisión. Esto es algo que te acompañará toda la vida y ante lo que no puedes bajar la guardia. Recuerdo hablar con un amigo del trabajo, K.P., exheroinómano. Él me dijo que después de tantos años de haberlo dejado, aún se levantaba algunos días en los que se metería un pincho bien a gusto. A mí me pasa lo mismo.

Querido yo del futuro: disfruta de la vida que día a día te estás construyendo, creo que te lo mereces, pues todo el mundo se merece buscar la felicidad, que no es continua, pero que a ratos se alcanza.

Querido tú al otro lado: no estás solo. Pide ayuda.

5. Guía de recursos

En este apartado encontrarás recursos gratuitos donde acudir para plantear cualquier duda ligada al chemsex y a las sustancias, o también en busca de ayuda profesional, tanto si sientes que tienes un problema con el consumo como si deseas abandonarlo. También se incluyen enlaces a materiales digitales con amplia información sobre el chemsex que resultan vitales para la reducción de riesgos y daños durante su práctica.

5.1. Organizaciones comunitarias que prestan atención y asesoramiento en España

Andalucía

Adhara (Sevilla)
Contacto: 954 980 603 – 644 095 146
www.adharasevilla.org
Instagram: adhara.ong

Stop (Sevilla)
Contacto: 955 120 543 – 636 338 678
www.stopsida.org
Instagram: stop.onglgtbiq

Apoyo Positivo (Málaga)
Contacto: 655 325 973
www.apoyopositivo.org
Instagram: apoyopositivo

Aragón

SOMOS LGTB+ de Aragón (Zaragoza)
Contacto: 976 925 843 – 655 804 124
www.somoslgtb.com
Instagram: asociacionsomos

OMSIDA (Zaragoza)
Contacto: 664 588 972
www.omsida.org
Instagram: omsidazgz

Baleares

Alas Illes Balears (Palma)
Contacto: 682 906 017
www.alas-baleares.com
Instagram: alasbalears

Canarias

Asociación LGTBIAQ+ Diversas (Tenerife)
Contacto: 644 575 330
www.diversascanarias.com
Instagram: diversaslgbti

Cantabria

ACCAS (Santander)
Contacto: 942 313 232
www.accas.es
Instagram: accascantabria

Castilla y León

Comité Ciudadano Antisida de Burgos (Burgos)
Contacto: 601 386 394
www.sidaburgos.com
Instagram: sidaburgos

Asociación Olotense contra la droga (León)
Contacto: 661 794 247
www.aocdgibraleon.com
Instagram: aocd.gibraleon

Comité Ciudadano Antisida de Valladolid (Valladolid)
Contacto: 690 243 532
www.ccasv.org
Instagram: ccas_valladolid

Cataluña

BCN Checkpoint (Barcelona)
Contacto: 933 182 056
www.bcncheckoint.com
Instagram: bcn_checkpoint

Energy Control (Barcelona)
Contacto: 687 633 694
www.chem-safe.org
Instagram: energycontrol_fm

Gais Positius (Barcelona)
Contacto: 932 980 642
www.gaispositius.org
Instagram: gaispositius

Gtt-VIH (Barcelona)
Contacto: 932 080 845
www.gtt-vih.org
Instagram: gtt_vih

Stop (Barcelona)
Contacto: 934 522 135
www.chemsex.info
Instagram: stopsida

Fundación Antisida Lleida (Lleida)
Contacto: 973 261 111
www.antisidalleida.org
Instagram: antisidalleida

Comunidad de Madrid

Imagina MÁS (Madrid)
Contacto: 910 321 119 – 650 593 404
www.imaginamas.org
Instagram: imaginamasong

Apoyo Positivo (Madrid)
Contacto: 629 447 325
www.apoyopositivo.org
Instagram: apoyopositivo

Energy Control (Madrid)
Contacto: 687 633 694
www.chem-safe.org
Instagram: energycontrol_fm

COGAM (Madrid)
Contacto: 602 252 234
www.cogam.es
Instagram: cogam_lgtbi

Comunidad Valenciana

Asociación ciudadana de VIH de Castellón (Castellón)
Contacto: 964 213 106
www.casda.es
Instagram: casda_cs

Comité Antisida Valencia (Valencia)
Contacto: 678 193 097
www.comiteantisidavalencia.org
Instagram: comitevlc

Lambda Valencia (Valencia)
Contacto: 963 342 191
www.lambdavalencia.org
Instagram: lambdavalencia

Extremadura

Comité Antisida Extremadura (Cáceres)
Contacto: 927 226 143
www.caextremadura.org
Instagram: caextremadura

Galicia

Apoyo Positivo (Ourense)
Contacto: 670 578 620
www.apoyopositivo.org
Instagram: apoyopositivo

País Vasco

Bizkaisida (Bilbao)
Contacto: 609 039 900
www.bizkaisida.com
Instagram: bizkaisida

5.2. Recursos con información en materia de drogas y chemsex

www.chemsafe.org
www.energycontrol.org
www.imaginamas.org/chemsex-info
www.apoyopositivo.org/blog/chemsex-programa
www.bcncheckpoint.com/atencion-psicologica-chemsex
www.stopsida.org/sexo-y-drogas
www.cesida.org/chemsex

5.3. Materiales técnicos para abordar el chemsex

División de control del VIH, ITS, hepatitis virales y tuberculosis: www.sanidad.gob.es/ciudadanos/enfLesiones/enfTransmisibles/sida/chemSex

Madrid Salud: www.madridsalud.es/publicacionness/guia-para-la-intervencion-con-usuarios-de-chemsex-en-los-centros-de-atencion-a-las-adicciones-cad

Centros de Atención a las Adicciones. Puedes seleccionar la provincia donde resides en busca del centro público más cercano a través de esta herramienta diseñada por el Plan Nacional sobre Drogas: www.pnsd.sanidad.gob.es/ciudadanos/ayudaCerca/home.htm

Centro de documentación en material de VIH, Salud Sexual y Chemsex de Sida Studi: www.sidastudi.org

Buscador de interacciones entre tratamiento antirretroviral para el VIH, PrEP y otras drogas o sustancias:
www.hiv-druginteractions.org
www.infodrogas-vih.org

Si no has encontrado lo que buscas, te invito a que contactes con Imagina MÁS enviando un correo electrónico (salud@imaginamas.org), mediante WhatsApp (650 593 404) o a través de nuestras redes sociales. Trataremos de facilitarte el recurso que más se ajuste a tus necesidades.

Agradecimientos

Quiero aprovechar estas líneas para dar las gracias a todo el equipo de Imagina MÁS por su compromiso profesional y humano en nombre de la igualdad, la diversidad y la salud de la comunidad. Por dar respuesta, como mejor pudimos, a realidades como el chemsex en 2014 y la pandemia de COVID-19 en 2020.

Gracias a Ángel, Antonio, Maricela, Marina y Agustín por tantos años de trabajo conjunto y por apostar por la formación a otros profesionales sanitarios sobre el chemsex.

Mención especial para Fernando, Ricardo, Víctor y el resto de compañeros que dedican su tiempo a compartir con otros iguales su proceso de deshabituación, siendo un ejemplo de resiliencia e inspiración para quienes aún se hallan ante el consumo problemático. Un agradecimiento especial para Ricardo y José por su generosidad al colaborar en este libro aportando sus testimonios. A Javi, Ángel y Antonio por revisar el texto y prestarme su ayuda para que la obra pudiera ver la luz.

También quiero agradecer la confianza de todas las personas que acuden a Imagina en busca de ayuda en sus procesos frente al chemsex.

A Emma, Avelino y Diego por su talento y por generar un lugar donde mirarnos a los ojos e iniciar conversaciones urgentes entre nosotros.

A Ricardo Recuero por ser chispa y puente para materializar este libro.

Por último, agradecer a Dos Bigotes la confianza y el entusiasmo.

Iván Zaro

«A veces pienso que me gusta tanto la fiesta
porque quiero ser joven para siempre»

ÚLTIMOS TÍTULOS
DE DOS BIGOTES

Nadar en la oscuridad, Tomasz Jedrowski

Scream Queer. La representación LGTBIQ+ en el cine de terror, Javier Parra

Corres como una niña. El género y la diversidad LGTBI en el deporte, David Guerrero

Presente imperfecto, Nando López

Lodo, Julen Azcona

Historias de Dunnet Landing, Sarah Orne Jewett

Niño santo, Luis Maura

Águilas, Fló Guerin

Inhalación profunda. Historia del popper y futuros queer, Adam Zmith

¿Cómo puedo no ser Montgomery Clift?, Alberto Conejero

Cine Crush. El cine homoerótico involuntario en nuestro despertar sexual, Popy Blasco

Roja catedral, Gloria Fortún

Otras flores, Xavi Reyes (ed.)

Mi autobiografía de Carson McCullers, Jenn Shapland

Beyoncé en la intersección. Pop, género, raza y clase, Elena Herrera Quintana

Ausencia y exceso. Lesbianas y bisexuales asesinas en el cine de Hollywood, Francina Ribes Pericàs

Después de Elías, Eddy Boudel Tan

Codicia, María Reimóndez

Flores para Lola. Una mirada queer y feminista sobre la Faraona, Carlos Barea (ed.)

Esta sí tenemos que bailarla, Nando López

Una mujer, Judith Juanhuix

Mamá, quiero ser Ziggy Stardust, Iria Misa y Alba Barreiro

El látigo y la pluma. Homosexuales en la España de Franco, Fernando Olmeda

Bonita Luxemburgo, Sebastián Suñé

El verano que nos queda, Giulia Baldelli

¡Larga vida al trash! El cine de John Waters como nunca te lo habían contado, Javier Parra (ed.)

Ocaña. El eterno brillo del Sol de Cantillana, Carlos Barea (ed.)

La última sauna del mundo, Julen Azcona

En mitad de tanto fuego, Alberto Conejero

Mireia, Purificació Mascarell

Los bordes, Angelo Tijssens

La noche en que Larry Kramer me besó, David Drake

Las «locas» de postín y *El fuego de Lesbos,* Álvaro Retana

Scream Queer 2. La venganza, Javier Parra

Nada es eterno salvo la Carrà. Una biografía de la italiana que conquistó el mundo, Pedro Ángel Sánchez

Flores y ruina. Antología de relatos sobre el desamor, Luis Bravo (ed.)

Lo que sé de ti, Éric Chacour

Gloria. La poeta de los amores prohibidos, Lola Lapaz (ed.)

Eloy de la Iglesia. El placer oculto del cine español, Carlos Barea (ed.)

Fucked Feminist Fans. Los orígenes del #MeToo desde la cultura pop musical, Leyre Marinas

Payaso, Luis Maura

En un mundo raro. Antología de voces LGTBIQ+ en español, VV. AA.

Adulta funcional, Gloria Fortún

La noche más clara, Marc Parera

Urraca, Urraquita, Urraquitita, Jaime Riba Arango

El Gé y *De Chill. Una guía para la reducción de riesgos y daños del chemsex,* Emma Demar e Iván Zaro

Te queremos dar las gracias por haber elegido el libro que tienes entre manos. Si has llegado hasta aquí, ¡esperamos que te haya gustado! Para no perderte ninguna de nuestras novedades, nos puedes ver y escuchar en Bigoteando, el videopódcast de Dos Bigotes. Estamos en Spotify, iVoox, Apple Podcasts y YouTube.

Este
libro
ha sido
compuesto
en tipografía
Crimson sobre
papel de 90 gr.
e impreso en el
mes de mayo de 2025